自然大发现
系列

花园大发现

(奥）莱奥诺蕾· 盖塞尔布莱希特–塔费尔纳 / 著

（波）卡西娅·桑德尔 / 绘   陈巍 / 译

丰富多彩的实验、游戏、制作活动、故事与菜谱
帮助孩子们寻找绚烂美丽的春天使者

ZHEJIANG UNIVERSITY PRESS
浙江大学出版社

图书在版编目（CIP）数据

自然大发现.花园大发现/（奥）莱奥诺蕾·盖塞尔布莱希特-塔费尔纳著；陈巍译；（波）卡西娅·桑德尔绘.— 杭州：浙江大学出版社，2018.1

ISBN 978-7-308-17353-7

Ⅰ.①自… Ⅱ.①莱… ②陈… ③卡… Ⅲ.①科学知识 — 普及读物 Ⅳ.① Z228

中国版本图书馆 CIP 数据核字（2017）第 216703 号

Autorin	Leonore Geißelbrecht-Taferner
Illustratorin	Kasia Sander
Satz	Druckvorstufe Hennes Wegmann, Münster
Notensatz	Ja.Ro-Music, Taunusstein
ISBN	978-3-936286-58-8

版权合同登记号　图字 11-2017-346 号

自然大发现：花园大发现

（奥）莱奥诺蕾·盖塞尔布莱希特-塔费尔纳 / 著

（波）卡西娅·桑德尔 / 绘　　陈巍 / 译

选题策划	平　静
责任编辑	平　静　吴美红
责任校对	杨利军　韦丽娟
装帧设计	鹿鸣文化
排　　版	杭州兴邦电子印务有限公司
出版发行	浙江大学出版社
	（杭州市天目山路 148 号　邮政编码 310007）
	（网址：http://www.zjupress.com）
印　　刷	浙江海虹彩色印务有限公司
开　　本	889mm×1194mm　1/16
印　　张	8
字　　数	188 千
版 印 次	2018 年 1 月第 1 版　2018 年 1 月第 1 次印刷
书　　号	ISBN 978-7-308-17353-7
定　　价	40.00 元

前　言

世上的快乐是开始，生活是开始，始终如一，每个瞬间。

切扎雷·帕韦泽

　　春天是个神奇的季节，即便很少与大自然打交道的人，比如那些整天坐在电脑前的上班族或者戴着耳机的慢跑者，也会觉察到春天的奇妙之处。

　　每片生长中的嫩叶或者花瓣，每一声鸟鸣，每一丝泥土的芳香都会在此期间引人关注，成为快乐的源泉。然而到了四五月份，这些花是否盛开并不被人关心，除非涉及某些可食之物。

　　本书将帮助小朋友们在每年春天里加深发现与探索的快乐，激发他们了解日渐苏醒的大自然的兴趣，调动他们所有的感官，使之能对大自然保持着愉悦的感受与体验。通常自然界出现的小小奇迹，只有用"侦探的目光"才能看得一清二楚。

　　我祝愿所有的大小侦探们能在紧张地寻踪中发现春天的美，踏入美妙无边的春天！

莱奥诺蕾·盖塞尔布莱希特-塔费尔纳

导 语

伴随着新年里的第一束阳光，小朋友们大多不愿宅在家里，他们想出门玩耍！眼下是最佳的时机，触发他们侦探般的嗅觉，到户外去，开始寻觅春天的气息。

首先从早春不受欢迎的雪地开始，之后小朋友们在自家的花园发现了第一位春天使者，再后来在森林里、草地上、小溪旁，每天会愈来愈多。

● 通缉令介绍了每种植物的突出特征。这些特性包括植物的特殊能力和生长策略，例如：它们别致的传播方式、适应力、与昆虫的协调能力或者其他性能。

● 小朋友们在游戏活动中运用所有感官掌握这些特征，在小实验中自己发现，并通过游戏不断触动感官来深化它们。

● 故事、歌谣、诗歌、烹调与制作创意可以帮助孩子们拓展整个学习过程。

● 每章结尾还列出了"花园种植小贴士"，小朋友们可以借此获得种植信息，从而使他们更主动地识别各种花。观察全年——不单单是春季——这些植物身上发生的一切变化。

方法与提示

本书的顺序按照**春季寻踪**编排，就是说从告别冬季开始，到夏天降临结束。从最后一场雪和第一束雪花莲开始，在春天的进程中或者本书中读者将会发现越来越多的春天使者。"唤醒生命"，直到最后一章召集起所有的春天使者。

每章的开头都贴出**通缉令**，有助于小朋友们准确地识别植物，它包含所有必要的说明，让他们真正认识该种植物，然后寻找其踪迹。春天使者的特征在每章中都做了说明。在其中可以找到典型的植物特性与能力，并且可以就此展开讨论。

然后小朋友们可以参与各种不同的游戏活动，采用不同的方式尝试，也就是游戏、实验与观察，或者置身于"植物厨房"。

各种活动的选择与顺序可任意。个别不错的活动章节也可交叉拼合成一个主题，例如：

鲜花厨房

紫罗兰＋樱草＋熊葱＋雏菊

阔叶树林里的春天苏醒

獐耳细辛＋银莲花＋肺草

蚂蚁的准备

熊葱＋紫罗兰＋獐耳细辛

春天里的"杂草"

雏菊＋蒲公英＋榕叶毛茛

每章的结束和寻踪的开头组成自家花园栽种植物的提示与窍门。并非每种植物与每块土地都能马上互相匹配，自然保护领域也不容忽视，同样要加以考虑。

目　录

最后一场雪
第一次寻踪

在不少地方，万物还藏在厚厚的"雪被子"下面，但雪藏不住即将来临的春天的征兆：白天逐渐变长，鸟儿再度鸣唱，树上的花蕾发生变化，房间的植物也长出了浅绿的嫩枝，"雪被子"下面新生命已经抽芽。

雪常常是湿漉漉的或者即将消融的样子，有些也会凝固而变得很坚固。

在冰雪之中魔术般地给雪涂上颜色，或者把灰色的冬天变戏法似的变走。这样的游戏很适合在"冰雪消融的时段"玩。

由此产生——期待已久的全新快乐。我们再次享受与欣赏残雪，常常是最大的快乐。

给雪染色

小朋友们自己寻找春天的足迹之前，到户外留下自己彩色的足迹。

年龄： 4 岁以上

材料： 空喷雾瓶（花洒或者香水喷射器）、水和食用颜料。

把水灌入喷雾瓶，然后加入食用颜料。带上这类装备走出户外，寻找一处尽可能宽阔、空旷的雪地，在雪上喷出大幅画作、名字或者图案。

雪雕作品也可喷上彩色的颜料，要与春天协调一致。

- 一个春天里的黄色太阳
- 一只白母鸡或者一只雪兔与多彩的复活节彩蛋
- 白雪女王的冰雪菜谱：绿色的菠菜雪丸子、红色甜菜泥汤、黄色的结冰鸡腿、戴着雪帽子的蓝莓蛋糕……
- 冰袋之中的北极熊与不同种类的冰球……

小朋友们若想尽情地戏耍，可制作各种多彩的染色雪球（雪做的复活节彩蛋），尽可能往远处扔(或藏起来)，接下来让其他的人寻找。

所有的复活节彩蛋都能被找到吗？

为什么雪是白色的？

平整的水面宛如一面镜子。我们可以看到横卧在后面的群山与房屋——也能在上面看到自己。

雪的晶体也是一面十分微小的镜子，但是它往不同的方向展示一切，因为雪不平整。如果光线照在上面，它就会朝各个方向反射。我们看到的所谓白雪，实际上是一幅太阳或者同时也是白色云彩的上千倍反射图。如果太阳是绿色，那么雪也呈现绿色。

雪是白色的

年龄： 4 岁以上

材料： 铝箔，台灯。

取一张平整的铝箔（充当镜子），把它放在台灯下面，箔片上只有一块确定的区域显得特别亮(几乎是白色的)，这就是台灯的镜面图。

现在把铝箔搓成一团，然后再次小心展开，重新放在灯下，箔片整个平面非常均匀地亮起来——它现在正如雪一样不平整。

① 展开铝箔

② 揉皱铝箔

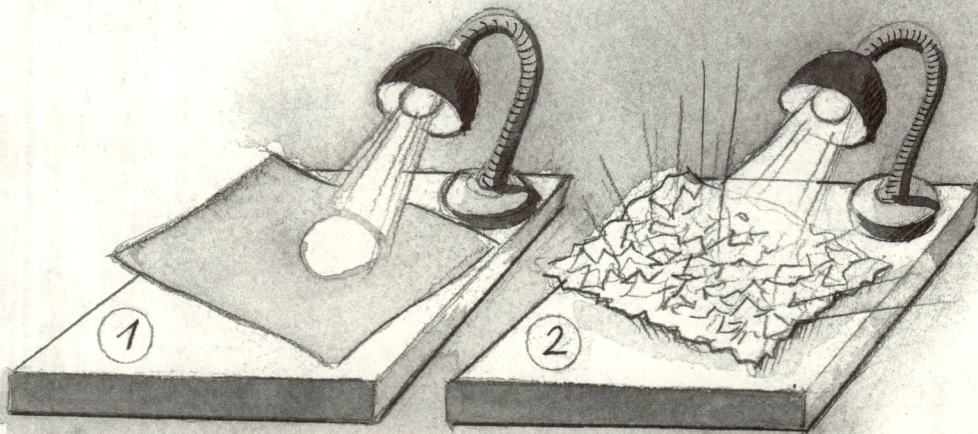

为什么雪是白色的，
为什么它不会伤害雪花莲

世间万物都有自己的颜色。土地是棕色的，小草是绿色的，玫瑰是红色的，天是蓝色的，太阳是黄色的。只有雪本身没有颜色。因此雪打算请求其他的伙伴们，给它些颜色。

雪首先去土地那儿。"请你给我一点棕色吧！"雪请求道。

土地睡觉了，没有回答。

然后雪又跑到绿草那儿："绿草，请给我些绿色吧！"绿草有些小气，装作没听见。

雪便走到玫瑰花跟前，说道："请给我一点红色吧！"玫瑰骄傲地转过身子。

"你能留下些蓝色吗？"雪冲着天空大声喊道。

天空太远太远，没有听见。

雪请求太阳给一点黄色，但也无功而返，因为太阳要下山了，没有时间回答。

可怜的雪未能如愿以偿，最后站到森林边一朵白色小花前面。

"你也许能给我一点点美丽的色彩。"雪请求道。

小花回答道："为什么不能呢？你需要多少就拿多少吧！"雪就这样获得了白色，直到今天还保留着白色。

森林旁边，谦逊的小花从此取名雪花莲。为了表示感谢，冰冷的雪从来不会去伤害这些白色花朵。

融雪天气

太阳光变得愈来愈强烈时，融雪天气便开始了，雪水从屋顶和树上落下。每当草地旁一处水滴在雪里形成一个小洞，地面便露出来，然后周围同样融雪更快了。为什么呢？

所有不平坦的或者深颜色的地方，特别容易接受更多的阳光，温度也会更高。

植物由于生长也会产生热量。因此树木周围的雪融化得特别快。

盐可融雪

有的人嫌太阳光融雪太慢，所以他们就用撒盐的方法。这样虽然使积雪融化加快，却产生了问题：盐水渗入土壤之中，对植物造成危害，而且鞋子和猫、狗等宠物也深受其苦。

很多人会猜测，雪是因为盐而变热，加快了融化，但其实恰恰相反：雪由于盐而变得更冷。微小的盐粒使雪在 0℃ 也呈液态，从而达到融雪的目的。

玩游戏

冰块运动会

小朋友们通过这项活动将会了解为什么某些地方的冰雪比其他地方融化更快。

年龄： 3 岁以上

材料： 彩纸和不同颜色（浅与深）的毛毡、瓦楞纸垫子、冰块。

准备不同的杯垫——白纸和黑纸、浅色和深色毛毡、瓦楞纸、塑料碟，放在阳光下。

每只杯垫上放置一个冰块。

哪一块冰融化最快，哪一块冰保留时间最长呢？

试一试

盐泥

如果户外变得暖和，雪就会融化，变成水。在雪上面撒盐，雪也会融化——水将因此而变热吗？

年龄： 5 岁以上

材料： 容器、盐（最好是除冰盐）。

把雪放入器皿，添加相当于雪重量三分之一的盐，充分搅拌，可观察到雪开始融化。

把手指放入混合物中——由于冰冷会感觉很痛！这种冰冷的混合物，达到零下 15℃——几乎像低温冷冻柜一样的冷。因此当心：切勿把手指放在里面太长时间！

此外: 早在拿破仑时代（1769–1821）就利用过这种知识,在夏季节日里提供冰凉的大蛋糕——而且不用冰柜!

借助捣碎的冰块和盐,甚至能够制作出食用冰块。

融化

玩这个游戏,可以掌握植物如何从长久的僵硬中摆脱出来,最终能够运动,从而获得自由。

年龄: 3 岁以上

材料: 有节奏的音乐。

天寒地冻,小朋友们僵硬地（冻得瑟瑟发抖）分散站在房间内。片刻之后有节奏的音乐响起,游戏组长依次向小朋友们呼喊,身体某一部位允许融化:例如小手指、大脚趾、手、胳膊、头、大腿、肩膀、上身……

小朋友们开始根据音乐的节拍,活动刚刚喊到的身体部位——最后抖动整个身体,他们完全融化了!

变化方案

如果喊到的所有身体部位必须随音乐共同运动,则这更适合年龄较大的孩子:右边小拇指、左边大脚趾、左肩同时融化,难度大增——但又乐趣横生!

扮演露水妈妈

为花园准备春天的小精灵……

年龄: 4 岁以上

材料: 簸箕、防水胶鞋、装热水的花洒。

小朋友们充当露水妈妈的小助手,带上簸箕出发了,前去清除最后一堆积雪。

- 小心地扫掉草地上的积雪,发现雪下的生命,找到春天的使者。
- 从树上或者树丛上摇晃下最后的积雪,观察上面的萌芽……（尤其是柳树、榛树或者连翘,让人一目了然!）
- 给花洒注满热水,在剩下的雪地上喷出图案（用小孔喷）。

但是: 在一个背阴的花园角落里能够保存许多积雪。那么,就出于怜悯给雪国王留下最后的堡垒,用最后的雪替他建造一座雪城堡吧!

雪花莲
第一位使者

一片长满雪花莲的森林空地是大人与孩子们的天堂！

冬季漫长而寒冷，雪花莲是人们盼望已久的第一批小花，它甜蜜的芳香和漂亮的风铃激励着每一颗心。有时我们还可以用小白酒杯当作花瓶插入雪花莲。

雪花莲是春天最早开花的花卉之一，它是不受冰雪影响的耐寒植物。

通缉令

花：下垂，钟形，花瓣分为内外两层，内层和外层各有三片花瓣。

果实：含种子的豆荚，由蚂蚁传播。

叶：蓝绿色，狭窄。

有何特别之处？

- 细嫩、蜜甜、芳香又细长的叶片。
- 可能完全不同的外观：
  在沼泽地，茎短而粗；
  在草丛里，茎长而细。

何处可以找到？

- 河谷低地森林和潮湿的落叶林。
- 花园和公园。

何时可以找到？

二月至四月。

根部：球茎。

装好的钻头

冬季和早春时节假如我们尝试在地上挖洞，便明白没有那么简单：土壤还冻结着，坚硬如冰。尽管如此，每年成百上千的雪花莲成功地钻透了坚硬的土层。它们是怎么做到的呢？

柔嫩、敏感的萌芽被一层坚硬的尖尖叶子包裹，雪花莲用坚硬的外壳缓慢而又可靠地钻过冰冻的土壤。直到它们破土而出，叶子才像三片包装好礼物的礼品纸一样打开，让白色的雪花莲花瓣露出来。

一场温暖的春雨更快地融化了上面的土层，使之变软。然后雪花莲就在这场春雨过后从土壤中"喷涌而出"。

摸一摸 & 动一动

钻探之王

早春土壤冻的结实程度，小朋友们可以通过本实验体会一下。他们会因此理解柔嫩的雪花莲有多么强大。

年龄： 3 岁以上
材料： 坚硬的棍棒。

在一个寒冷的日子里，小朋友们来到户外，查看土壤。任务是用棍子尽可能往土壤里深钻。他们寻找合适的小棍子，在花园不同的地方钻洞。谁能够成功地在规定的时间里钻得最深，便成为当日的"钻探之王"。

摸一摸 & 看一看

太棒了

小朋友们可以通过这种动作游戏体验实践的喜悦。

年龄： 4 岁以上

尝试寻找被积雪覆盖的雪花莲。可以回忆一下它们去年的位置。

清除雪花莲上的积雪，感觉一下它们的尖头，让人乐在其中。

提示： 游戏结束之后重新盖好，这非常重要！

小包裹中的惊喜

用小包裹代替由三瓣叶包裹的雪花莲盛开后馈赠的甜蜜芳香，小朋友们在这个游戏中同样满怀期待地"打开包裹"后，享用某种巧克力的甜蜜味道。

年龄： 4 岁以上

材料： 一个三瓣叶（最好用纸、细绳和粘胶带）包装的甜蜜"惊喜"（巧克力、复活节兔子或者复活节小羊）、围巾、帽子、手套、刀子、叉子和骰子。

在一伙人中轮流掷骰子。谁投中了 6，就快速戴上帽子、围巾和手套，拿起刀叉，开始打开小包裹……另一个孩子投中下一个 6，意味着上一个投中 6 的孩子要马上放下刀叉、脱掉帽子、围巾和手套，交给这个孩子，因为轮到他了，直到下一个 6……

游戏时间持续到把甜蜜的"惊喜"完整吃掉！

要点： 孩子必须穿戴完整，只许用刀叉（不能用手）操作！

我的小包裹

新生命诞生之前，多半包装完好。在该游戏中，小朋友们允许在春天里一再重新"诞生"。可惜寒冷的冬天时常光顾，这时包裹必须快速地再次被包好。

年龄： 3 岁以上

小朋友们扮演小包裹共同蹲在地上，等待游戏组长发出各种信号解开包裹。

"从我的小包裹中出来……"

雪花莲： 高高举起胳膊。

蝴蝶： 舞动胳膊，在房间里奔跑。

蜗牛： 在板凳上或者地板上拖出一道"黏液痕迹"。

雏鸟： 如同刚刚钻出来的小鸟，蹦跳着飞过房间。

复活节兔子： 像小兔子般在房间里蹦蹦跳跳。

"小包裹们"始终按照"闭合包裹"的命令闭合——冬天还会再次开始。

安全的雪花莲

尽管天气慢慢变热，但这也会对雪花莲造成伤害。风、雪、寒冷会让强壮的雪花莲耗尽力气，但是它们准备充分就会取得相反的效果。为了保护花蜜，它们可以把花蕾牢牢地包裹住，等待更温暖的日子。此外，花瓣里含有糖分，可以防止花瓣挨冻。没有这些防冻保护，它们就可能从里面破碎，因为水经过冰冻后，会发生膨胀。

水

水
+
防冻剂

试一试

瓶子长胖了

防冻剂的作用在此要向孩子当面解释清楚。

年龄： 3岁以上
材料： 2只塑料瓶、防冻剂、水。

一只塑料瓶注水，另一只注满水和防冻剂，在寒冷的夜晚放在户外。

次日就会发现，没有灌防冻剂的瓶子胀大了，因为水冻住了，而另外一只瓶子完好如初，因为里面仍然是液体。

提示： 假如寒冷的冬天已经过去，该实验也可在低温冷冻冰箱里进行。温度应该低到两只瓶子里装的液体冻住，亦可发现不同的结冰程度。在放置防冻剂的瓶子里冰融化得更快。

唱一唱

雪花莲，小白裙

词：L.& J.盖塞尔布莱希特

1. Schnee-glöck-chen, Weiß-röck-chen, wann willst du denn blüh'n? Bist noch in der Er-de, doch lang-sam wird's grün.

1. 雪花莲，小白裙，
你何时盛开？
你还在土壤里，
变绿缓慢。

2. 你钻透土层，
穿过树叶与积雪；
天气还很冷，
但你并无痛感。

3. 你来了，雪花莲，
积雪已消融。
有一朵雪花莲，
它来代替残雪。

制作雪花莲草地

年龄： 3 岁以上

材料： 白色图画纸、深绿和浅绿色彩纸、剪刀、胶水，可能的话还有绸纸和脱脂棉。

把白色正方形纸（10 厘米 ×10 厘米），按对角剪开，形成两个三角形。这些三角形可以折成雪花莲。

用深绿色彩纸做成茎和叶子。

拼合所有的组件，粘在浅绿色彩纸上。

在雪花莲草地上还可粘上绸纸做的蝴蝶。地面上放些脱脂棉做的残雪显得更漂亮。

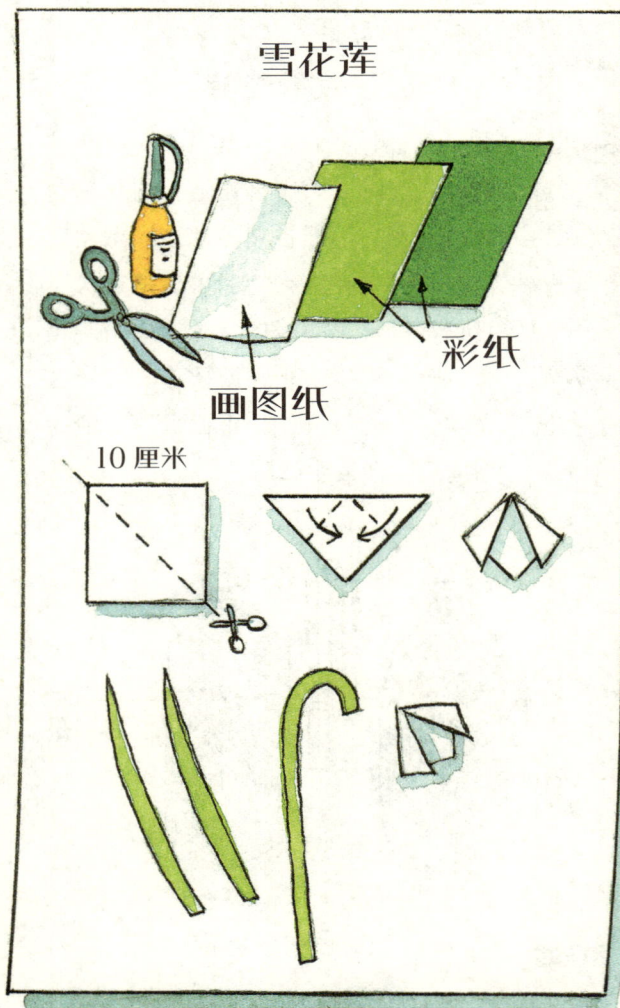

雪花莲

彩纸

画图纸

10 厘米

雪花莲的传奇

亚当和夏娃偷吃禁果之后，那个把他们赶出天堂的天使创造了雪花莲。因为地球上正逢冬季，夏娃绝望，感到气馁。天使好言劝她，承诺给她春天。由于下雪，夏娃无法相信他。这时天使呵出几片雪花，落到地面，变成了雪花莲。从此，雪花莲成了希望的象征，成了春天苏醒的标志。

花园种植小贴士

● 雪花莲可以非常方便地在自家花园内种植。每家种子商店或者苗圃都有雪花莲球茎售卖，在苗圃中同样也提供完整的植物。

● 雪花莲也可以在森林边缘挖到，移栽到花园内。

要点：事先要向主管的自然保护区机构打听可能的损害等级，因为这种植物在某些地区属于稀有植物，绝对不允许以这种方式大量地"移栽"。

● 雪花莲最好种在树下或者树篱下。它们不喜欢太潮湿，否则球茎会腐烂。

● 雪花莲的大号姊妹花——春雪花莲在专业商店以球茎或者植物的方式售卖。春雪花莲拥有更大的花朵，其花瓣布满斑点，同时花期也更长久。

● 如果是在雪花莲喜欢的地方，它们自己会繁殖。球茎可以分成许多子球茎。在若干年内有可能在花园里形成雪花莲草地。

● 五月里雪花莲也不会立即消失在土壤里。花朵变成愈来愈大的绿色豆荚，种子在里面成熟。豆荚越来越重，然后落在土壤上，在夏季缓慢分解，释放种子。

雪花莲

含种子的豆荚

种一种

花盆里的雪花莲

采摘下来的雪花莲虽然美丽，但是散发着美妙甜蜜花香的花束不能在温暖的房间里放置太久。最迟到第二天，香气四溢的奶白色雪花莲就会变成棕色的小尖头。

花盆里的雪花莲可以在房间里更久地保持甜蜜芳香。如果室外还是冬天，它们也可以生长。

年龄： 3岁以上

材料： 花盆、花土、若干雪花莲球茎或者发绿的雪花莲植物、一些苔藓。

花盆填满大半花土，带尖头的球茎（或者嫩芽）朝上放置。

经验法则：土层必须有球茎大小的三倍那么厚。

球茎用土壤和苔藓覆盖。

每天只浇一次水，但不要过多，因为长时间的潮湿会让球茎腐烂。

雪花莲刺破苔藓，用不了太久的时间。

雪花莲开花之后，小朋友们可以在花园里找一块空地，把它们移栽到那里，也许来年会有更多雪花莲在那里生长出来。

藏红花
多彩的花园宠儿

藏红花是花园里的春天使者。藏红花拥有丰富的花色与花形，在草地上种上藏红花，可以把最小块的绿色草地变成神奇的彩色花毯。一束藏红花拥有丰富的颜色，房间里放一束，可以给整个房间增添多彩的乐趣。

通缉令

花： 有不同颜色（白色、淡紫色、黄色、紫色），漏斗状，长花冠茎，长花丝。

叶： 细长，接近针状叶形，叶子中部带白色条纹，叶边翻卷。

有何特别之处？

- 几乎可以覆盖冰川旁的草地。
- 几乎没有茎杆，从泥土中长出的花茎，属于花朵；果实躺在地面，可以防寒。

何处可以找到？

- 野生形态多见于山区的潮湿草地与牧场。
- 种植形态多见于花园和公园。

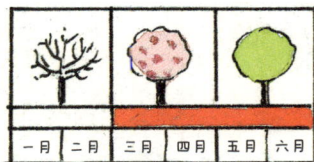

何时可以找到？

三月到六月。

根部： 苛细须的嫩芽球茎，原先的根部。

山区的家乡

藏红花的家乡在山区。它们在冰雪融化之后宛如淡紫色地毯覆盖在草地上。园丁把这些山区藏红花与来自别的国家与地区的最不相同的藏红花种类杂交，从中培育出大量的花园种植品种，比野生藏红花更硕大与壮丽：斜条纹、双色、大花朵、重瓣……

画一画

画出想象的藏红花

花园里的藏红花具有各种颜色、式样或者外形。小朋友们可以任意发挥想象力，画出自己梦中培育的藏红花。也许有一天他们会梦想成真。

年龄： 5岁以上

材料： 画纸、水彩、彩笔、毡笔。

画一幅想象的由藏红花组成的花毯。自己选择形状、图案，调出喜欢的颜色。

变化方案

年龄较大的孩子给想象的藏红花画出一个"谱系"。

● 首先一株白色山区藏红花与一株黄色亚洲藏红花杂交，由此培育出一株黄白色条纹状或者浅黄色的混合藏红花。

● 然后一株南欧网状藏红花……直到最终结果是期待的想象中的藏红花。

在这儿允许小朋友们正确使用调和的颜色玩游戏。

太阳崇拜者

藏红花只在阳光照射下开花。假如天空飘过一朵乌云，花朵便马上闭合。这是为什么呢？

如果一块乌云遮住太阳，会感觉更凉爽。藏红花同样可以感觉到，从而闭合花朵。这样可以预防雨雪。此外，像榕叶毛茛、银莲花和雏菊等其他春天使者也会这么做。

感受阳光

太阳光多么温暖与明亮啊，小朋友们可以通过扮演藏红花这项活动去感受。

年龄： 3 岁以上

材料： 如果在房间里玩游戏，用纸板箱做成大块的云彩，一盏明亮的大电灯或者一盏探照灯。

小朋友们扮演藏红花，闭上眼睛站在太阳下面或者站在光照强烈的灯泡前面。一个孩子扮演云彩。

扮演云彩的孩子允许用他的"纸板箱云彩"遮住"太阳崇拜者"。只要他们通过紧闭的眼睛发现天黑了（或更凉爽了），就蹲下来。当再次变亮，他们就睁开眼睛。扮演云彩的孩子可以一再更换位置，让其他的太阳崇拜者也被阴影所笼罩。

盛开的藏红花和太阳

年龄： 4 岁以上

材料： 产生冥想的音乐。

这个游戏要组成一对。一个孩子分演藏红花花蕾，蜷缩得非常小蹲坐在地上；另一个孩子扮演太阳，允许藏红花花蕾慢慢地开放。

太阳依照顺序：

● 慢慢站起来。

● 脑袋直起来，睁开眼睛。

● 胳膊首先朝上，然后再往一侧伸展。

● 手指分开。

一切都用慢镜头，迎向温暖的太阳。

变化方案

可以三人组成一组，第三个孩子扮演一朵云，允许藏红花再度闭合。

花园里什么引人注目?

词 / 曲：L.& J. 盖塞尔布莱希特
王昱斐 / 译

1. Was sticht da aus dem Blu - men - gar - ten, ich glaub,der will nicht

län - ger war - ten! Ho - kus po - kus Zau - ber - no - kus

drau - ßen ist der gel - be Kro - kus. gel - be Kro - kus.

4. Strophe

Ho - kus po - kus Zau - be - rei. Das ist ja ein Os - ter - ei!

1. 什么从花园中长出?
   它早已等不住。
   变戏法呀变魔术。
   外面有黄色藏红花一束!

2. 什么从高山上长出?
   是白色小侏儒?
   变戏法呀变魔术。
   外面有白色藏红花一束!

3. 什么从硬地里长出?
   是一整群牲畜?
   变戏法呀变魔术。
   外面有紫色藏红花一束!

4. 什么从草地中长出?
   是复活节小兔?
   变戏法呀变魔术。
   一颗复活节彩蛋在埋伏!

提示： 伴随这首歌可以玩"盛开的藏红花和太阳"的快速运动游戏。在一段歌曲之内太阳必须完全打开藏红花,下一段则更换角色。

亲戚番红花

春天藏红花的近亲是番红花，也叫真藏红花。在十月里盛开的番红花呈蓝紫色，在花中央有非常特别之物：一条微小的橘红色细茎（俗称花柱），分三部分（柱头）分叉。这些柱头比春季藏红花长许多，从花中凸出来。这些柱头含有珍贵的染料和调料：番红花。

最好的番红花来自西班牙曼查（Mɛncha）地区肥沃的土壤。

1千克番红花需要 100000 朵鲜花。收获这些数量的花朵需要 1 名熟练工人工作 6 至 7 小时。接下来最耗时费力的劳动才正式开始。必须把柱头从每朵花中拔出来。为了获得 1 千克番红花常常需要 8 至 10 天时间，然后它们还要在火上小心地烘干，用很小的纸袋包装。曼查地区的居民在十月份庆祝番红花收获时，进行拔雄蕊比赛。获胜者，被称为番红花皇后。

种植与收获只能手工进行，因此真番红花才是世界最昂贵的调料。1 克番红花售价大约 7 欧元（约合人民币 51 元左右）。更宜的番红花永远是伪造的：它是由辣椒粉、蓟花甚至肉丝做成。

番红花调料

用少许番红花调料，它散发出舒适的香味，口感有些甜咸味。

以前番红花在烘焙上用作调料与染色，就像一首童谣唱道：

烤呀烤，烤蛋糕

烤呀烤，烤蛋糕，
面包师傅高喊道：
谁要烤出好蛋糕，
少不了七件套：
鸡蛋、油脂、黄油、盐、
牛奶、面粉、番红花做蛋糕，
推呀推，推入炉子烤。

番红花

番红花

番红花蛋糕

配料： 275 克黄油，450 克面粉，发酵粉，1 小袋番红花丝（在臼中磨细），1/2 茶匙盐，350 克糖，175 毫升牛奶，40 颗五针松松子或者杏仁条可以撒上去。

炉温加热到 180℃。

让黄油融化，并冷却。

面粉、发酵粉、番红花、盐和糖放在一个盆子混合。

黄油与面粉混合，用一只叉子搅拌。

放入盆中，浇上牛奶，把所有材料搅拌成一个面团。（一个非常柔软的面团！）

烤盘铺上包装纸，面团铺在上面，涂上些牛奶，松子或者杏仁条均匀地撒在上面。

在烤炉里 180℃下烤制约 30 分钟。

在铁盘上慢慢冷却，切成块状，最好趁热食用。

番红花饼干

配料： 一小袋番红花丝，4 汤匙奶油，150 克面粉，100 克黄油，50 克糖，一只蛋黄供涂抹，30 克粗糖。

番红花丝在臼内磨碎，涂上奶油（染成神奇的黄色）。

番红花奶油与面粉、黄油与糖揉捏，用一片透明薄膜包裹，至少冷却 1 小时。

烤炉预热到 200℃。

面团要么擀开，要么用小模具压出（太阳、鸟儿、花朵……）或者滚成蛇形，做成花环与 8 字。

烤制的饼干放在一个铺有包装纸的烤盘上，涂上搅拌过的蛋黄，撒上粗糖。

在炉子里烤制大约 12 分钟。

很快透着细细番红花香味的饼干做好了！

番红花米饭

配料： 250 克圆粒米，1 个汤粉块，1 小袋番红花丝，2 汤匙橄榄油，1 只洋葱，盐，帕尔马奶酪（若有可能）。

番红花丝放置在半升热水中若干分钟，加入汤粉块。

洋葱切成小块，用橄榄油煎成玻璃状。

加入圆粒米，煎炒，浇一些番红花汤降温。

小火下尽可能长久地敞开烹制，直到大米吸收了汤汁，然后加入剩下的番红花汤。

多次重复，直到汤汁耗尽，米饭烧熟。

在番红花米饭中加盐，有可能的话撒上奶酪。

米饭具有番红花的香气和口味，另外还获得了美丽的黄色。

橘黄色

从前的统治者爱穿用番红花染黄的皇家长袍。罗马人用番红花染黄宽袍的软肩，在空气中洒上香水，把番红花当茶喝。今天有许多阿拉伯女子用番红花染眼睑、脚趾甲和手指甲。

每家超市都有真番红花，呈现番红花丝的形状（拔下来的柱头），少量（大约 0.14 克）以小袋或者小罐供应。粉末状的番红花常常是假冒的。可以非常节省地使用番红花，1 克番红花甚至可以明显地染黄 100 升水。

番红花染色

年龄： 8 岁以上
材料： 番红花丝，热水。

番红花丝浇上（滚开的）热水。
提示： 水越热，番红花丝越多，颜色感饱满，可以染出更深的黄色。

仔细观察，黄色怎样从花柱中涌出。运用这种方法可以把白色布手帕、白丝线或者白鸡蛋染成暖黄色。

太阳布料

材料： 布料、番红花溶液。

把一块折叠两次的布料做成一只袋子，将其尖头慢慢地往下浸泡，逐步地放入番红花溶液。下面的部分长久地浸染。

展开布料，一块特别漂亮的番红花太阳布料呈现在眼前，由内往外一直闪烁着浅黄色。
此外： 水温 30℃时，在洗衣机里可以洗去染上的颜色。罗马人穿上藏红花染色的宽袍不允许走入雨中或者洗涤。

番红花绘画

材料： 纸张、高浓度番红花溶液、画笔。
高浓度番红花溶液适合于纸上绘画。

小朋友们画画，色彩是黄色主题——他们可以展开无边的想象。

花园种植小贴士

苗圃、种子商店或者超市里出售。

● 藏红花最喜欢长在树丛的阴影下，可以在不常修整的草坪上种植。如果苗床不常常翻开，藏红花也喜欢它。球茎不应该受损或者放在土壤表面。

● 在秋季，藏红花球茎需要以尖头朝上的方式放入土壤里。为此要挖出球茎大小双倍深的土洞。

● 如果藏红花开花，绝不允许把它身上的绿叶剪掉或者割掉。它当然还需要这些叶子，为了让球茎吸收养分，在下一个春季再度形成美丽的花朵。

● 随着时光流逝，所有藏红花再度染上"原始"颜色：从淡紫色到白色！但可能要持续十年！

● 藏红花不宜采摘，因为它在最短时间内就有可能在花瓶里垂下脑袋。最好从窗户可以望到种植在花园里的藏红花。

种一种

藏红花图案的计划与实施

在此活动中意味着尽情享受期待的快乐！

在春天孩子们就可以规划他们的藏红花草地来年应该呈现出何种形态。

在秋季里付诸行动，然后他们只需要盼望下一年春天！

春天

藏红花图案规划（春天）

年龄： 5 岁以上
材料： 要种植的草地缩小版规划图、彩笔。

小朋友们共同商讨一种图案、符号等，借此用藏红花设计花园，把它们相应地置入规划之中。

这里提出如下建议：

- 用纯黄色藏红花组成太阳。
- 藏红花小窝，每次用另外一种颜色。
- 不同藏红花品种组成的名字。
- 大型的藏红花螺纹线。

藏红花球茎 —— 付诸行动（秋天）

年龄： 4 岁以上（在大人的帮助下）
材料： 最不相同的藏红花球茎（按照计划）、小铁铲、不同色彩的绳子。

购买所有计划好的、最喜欢的藏红花球茎。
用彩色细绳铺设在草地上勾勒出图案。
沿着绳子铲出 10 ～ 15 厘米深的沟或者洞，或者取走草地砖。
把球茎尖头朝上放置，小心地盖上土壤或者草地砖。
然后呢？等待，等待，等待！

秋天

獐耳细辛
枯叶之中小小的好奇

早春时节，当我们走过阔叶树林时，脚底下沙沙的树叶声非常美妙。然后一天天过去，当某天一下子暖和起来，蓝紫色的小星星忽然好奇地从落叶层中探头张望。这些漂亮的小花有足够的理由迅速盛开，因为森林的地面马上又将变暗。

通缉令

叶：三瓣、皮质、底边紫色、带细密毛蕊。

花：蓝色或淡紫色，6～10片花瓣。

有何特别之处？

- 细嫩、蜜甜、芳香细长的叶片。
- 可能完全不同的外观：
  在沼泽地，茎短而粗；
  在草丛里，茎长而细。

何处可以找到？

阔叶林。

何时可以找到？

二月至四月。

一月	二月	三月	四月	五月	六月

根部：根茎（根状茎）。

天然的温室

早在其他细嫩的小植物在户外的冷空气中寻找什么之前，獐耳细辛就将它们的花蕾埋在去年的落叶层中。只要上面的土层解冻，它们的根部就能接触到水分，开始发芽。因此它们将消耗上年积攒的、储存在根部的所有的养分。

"好奇的张望"之所以成为可能，是因为去年秋季深色的落叶层具有温室作用。它们储存了太阳的温热，保证空心之处温暖的空气。当户外达到 10℃时，温度计放在落叶层会上升到 25 ～ 30℃！

因此獐耳细辛自然可以发芽。

生命之光

獐耳细辛极其迅速地提早开花。在它们之上阔叶林的树叶顶盖尚未闭合，太阳光不再能够照射到地面之前，它们也必须如此。春季，如果树木还是光秃秃的，一半的阳光可以照射到森林地面上。之后，当树木长满了树叶，阳光照射的概率就大大降低了。

花朵在地面下的根茎上等待熬过冬天，它们站在出发的洞口，伴随着第一缕温暖的阳光，完成开花，形成种子，直到树冠繁密，削弱了"生命之光"——太阳。相反獐耳细辛的叶子仍然在等待着，当落叶树冠再次变得多孔时，它们才再度回来，然后过冬。因此獐耳细辛花朵旁边的叶子还是去年的叶片，还是棕色的皮质旧叶。

摸一摸

全身温度计

小朋友们可以在沙沙作响的落叶之中体验与感受太阳的温暖，由此能全面体验獐耳细辛为什么那么迅速地提早发芽。

年龄：3 岁以上
材料：挖掘服、温度计。

在周边寻找一处漂亮的落叶堆。挖干沙沙作响的落叶层——或者自己也可埋进去（这会更有趣些！）——去感觉里面有多么温暖。他们自己扮演"全身温度计"。

谁不愿意相信这种温差，可以用温度计量一量。

提示：这当然只是"好天气游戏"。

看一看

在落叶下寻找獐耳细辛

眼睛在此时要非常尖，也需要一点点幸运。
年龄：3 岁以上

在獐耳细辛从落叶之中抬头观望之前，积雪已经融化，小朋友们可以去寻找它们。往年的皮质旧叶是一种提示。

獐耳细辛的小侦探们小心地把树叶推到一旁，发现新鲜的嫩芽，也许还有蓝色的花蕾……当然游戏组长应该识别大致的地方，否则不可能成功，孩子们也无法产生乐趣。

提示：需要再次替獐耳细辛盖好"被子"！

在夏季、秋季和冬季拜访獐耳细辛也蛮有意思，这样就可以真正掌握与光照相关的生命循环。

玩游戏

为了光照而战

该游戏允许小朋友们扮演一株在茂密森林里生长、渴望光照的可怜小植物。

年龄： 3 岁以上

地点： 可以变暗的房间。

材料： 蜡烛。

游戏小组在遮住光线的房间内慢慢地游荡。一旦小组长点燃蜡烛，所有孩子就像生了根那样站住。游戏组长把蜡烛放在房间的某个地方。现在小朋友们必须通过转动脑袋，但是不失去脚与地面的接触，寻找蜡烛光线。

在下一轮游戏中蜡烛放置在别处，然后又有一些渴望光照的小植物（小朋友们）追逐光线，另外一些孩子则非常轻松。

因为每轮游戏都形成了一种全新的状态，所以该游戏对小朋友们具有特殊的吸引力（因为他们更多地是在彼此跟踪）。

画一画

四季图之中的獐耳细辛

獐耳细辛具有独特的生命循环。它的叶与花出现的顺序配合着阔叶林树冠的变化。绘制招贴画的活动可以复习与深化这层关系。

年龄： 6 岁以上

材料： 招贴画纸、蜡笔或者水彩。

小朋友们分成四组。每组获得一项任务，运用绘画技巧绘制一幅四季阔叶林及其林下植物獐耳细辛的大幅招贴画。

冬季组： 秃树，薄薄的积雪，露出往年旧叶的獐耳细辛；

春季组： 树木和叶芽，在蓝色花毯的地面旁；

夏季组： 茂密的树木，在林下植物中正在结果的獐耳细辛和正在发芽的阔叶；

秋季组： 秋季阔叶之中的树木，在地面生长着一小簇绿色獐耳细辛的叶子。

四季图按照顺序组成一幅巨大的招贴画墙。

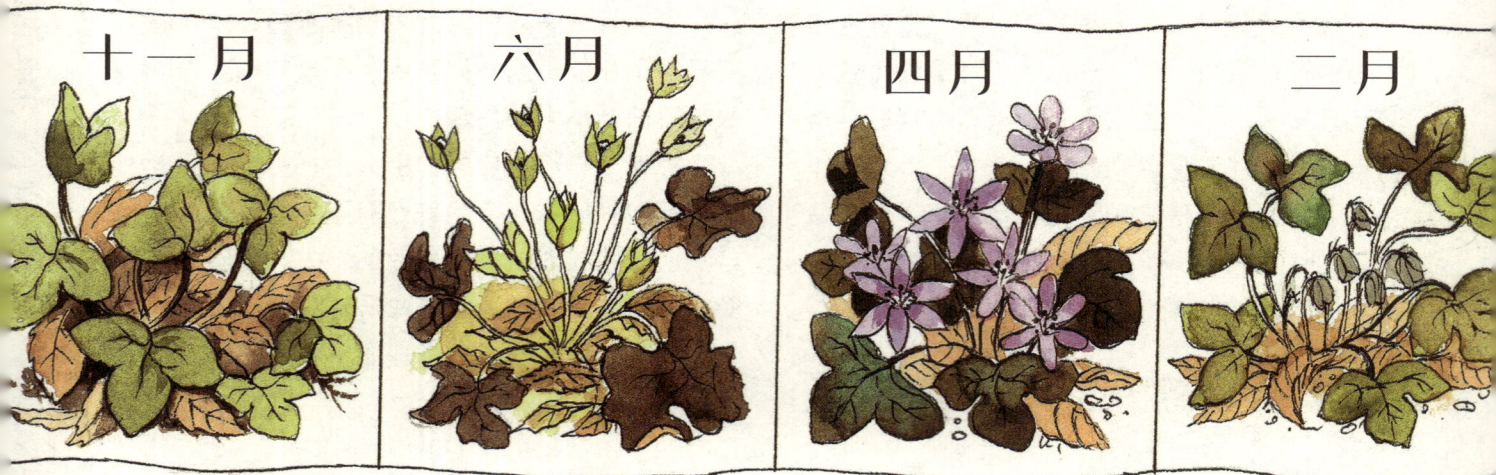

十一月　　六月　　四月　　二月

花园种植小贴士

● 花园里生长着各式各样的獐耳细辛。

● 獐耳细辛只在阔叶林和阔叶树篱下面生长，尤其喜欢在山毛榉和橡树下生长。在针叶林下或者草地里很快就会消失。

● 獐耳细辛自己繁殖非常快。

● 獐耳细辛非常容易失去其蓝色的花瓣。它们不适合放在花瓶里。

● 獐耳细辛在春季开花极快，开花之后形成带有丰腴的多肉小垂饰的坚果。蚂蚁喜欢这种小垂饰，于是把种子传播到其他的地方。夏季獐耳细辛长出浅绿色、三瓣状的叶片，经过冬天颜色变得愈来愈深并且呈皮质。

种一种

蓝色的树鞋

树下常常不会生长太多的植物，獐耳细辛却是罕见的例外，可以长到树干旁边。

如果允许小朋友们给树木种植"蓝靴子"，他们会获得小小的快乐，因为他们常常会在春季获得"新鞋子"。

年龄：4 岁以上

材料：獐耳细辛植物（来自于苗圃或者野外采摘）、小铁锹。

在树根下面（最好是山毛榉或者橡树下）种植獐耳细辛。

也许来年长出的"蓝鞋子"会变成小朋友们的鞋子。

款 冬
黄 太 阳 与 绿 伞

一种充满惊喜的植物：这就是款冬！

春天里黄色太阳花从光秃秃的鹅卵石中冲撞出来。第一眼望去容易把它们当作假花，这种可怜的植物在哪儿吸收它们的养料呢？

紧接着在五月份是另一个意外的惊喜：巨大的叶片，讨人喜欢的儿童伞，如同从"虚无"之中长出来。

而且在地底下款冬正在创造惊喜……

通缉令

有何特别之处？

- 至少 25 个不同的动物种类，尤其是蜜蜂、苍蝇接受款冬的滋养，款冬是重要的花粉源。
- 大多数成群生长。
- 由花朵变成一种吹送之花，种子由风传播。
- 含有一定的生物碱，不可食用。

花序

- 中间有大约 30 个含许多花粉的深黄色管状花朵，散发着蜂蜜的香味，不会形成种子。
- 边缘有 300 多个金黄色舌型花朵，吸引动物。

茎： 带红色鳞片，覆盖细密的白色柔毛，无叶片。

叶： 五月份才长出来，叶呈马蹄状，因此得名（马蹄型莴苣），背面呈灰色毡状。

何时可以找到？

二月底到四月底开花，五月初开始长叶。

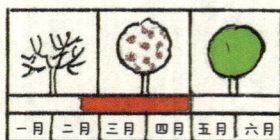

一月 二月	三月 四月	五月 六月

何处可以找到？

垃圾场、鹅卵石山丘、路边、路基、建筑基坑、休耕地。

根部： 地底下活动的茎杆＝带细根部的嫩枝。

地底下的惊奇

款冬隐藏的力量埋在泥土里，形成了地下的嫩枝，也就是茎，在土壤下活动。这些茎长度不足 2 米。整条河流的鹅卵石河滩常常穿过一条嫩枝。通过这条嫩枝，款冬可以在附近区域继续向前伸展——对较远的距离它运用另一种手段：降落伞状的种子！

生长大师款冬

款冬植物是真正的生长大师。摘下来的短颈太阳花，样子像蒲公英，几天之后就站到了长长的茎梗上。当它们开花时，首先脑袋下垂。但是几天过后，当种子成熟，小脑袋再次竖起，产生了白色毛皮状的小蒲公英。种子可以通过其降落伞飞向远方。

看一看

拉地网

年龄：6 岁以上
地点：鹅卵石的地段，开满了许多款冬花。

找一处长满款冬的地方，鹅卵石基坑最为合适，因为植物分布非常松散。每个孩子挑选一朵花，小心地扯住它。

现在把这些植物小心地从鹅卵石中拔出来，最后整组如同花朵那样互相连成了网。

看一看

玻璃杯中的款冬

小朋友们通过该活动将熟悉这种黄色小花的来龙去脉。

年龄：3 岁以上
材料：1 杯水、新鲜款冬植物。

采摘新鲜款冬，放入注水的玻璃杯内。每天观察这种植物如何变化，从蓓蕾、开花，变

成蒲公英，直到种子传播。

年纪较大的孩子可以写下画有若干插图的日记。

种子——能力的较量

小朋友们可以检测一下，碎石堆里的先锋——款冬是否真正如此充满勇气。

年龄： 4 岁以上

材料： 成熟的款冬种子、碎石、花泥、陶盆。

用花泥填满一半陶盆，上面放上鹅卵石。把款冬种子撒在石头上（不必覆盖）。在有些地方浇上一次水，等待发芽！

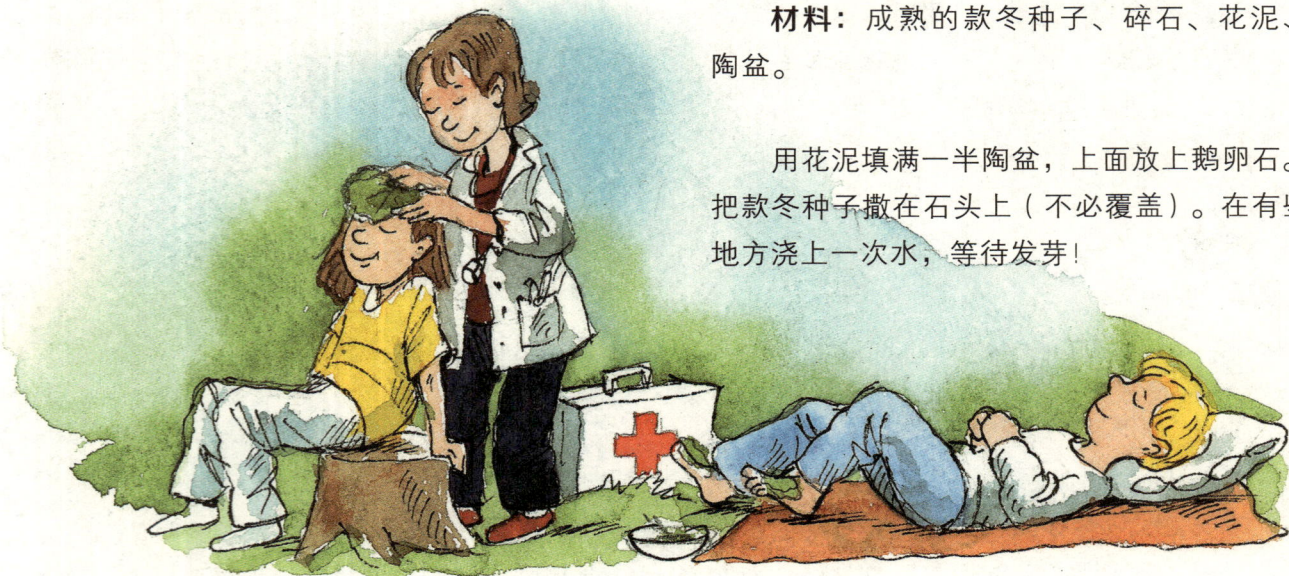

第一个征服者

款冬是一种勇敢简朴的植物。薄薄的一堆土就足以让它种子发芽。它可以在人们认为的不毛之地，例如光秃秃的鹅卵石浅滩和碎石堆上充当第一名住户。

款冬由此成为生机勃勃的植物的预兆。它的生长带来了腐殖质层和其他生物，它为需要更好土壤的植物预备土壤，例如蒲公英和雏菊。

有疗效的伞形叶

最后一粒种子随同它们的降落伞飘远了，到了五月份叶子才长出来。它们具有大黄叶的尺寸，外观与其非常相近。

款冬叶可以医用，因为它具有阻止炎症和消除痉挛的功效。尤其是此类植物可以缓解顽固的咳嗽。古希腊的医生就发现了其巨大的疗效，提供干燥的款冬叶作为烟斗的烟草用于治疗。

当心：最近人们在款冬叶与花朵中发现了生物碱，有可能损害儿童的健康。

款冬叶游戏

款冬叶用途多多，适合做雨伞、厕所毛纸、小帽子等物品，是重要的绿色医用治疗植物！

年龄： 5 岁以上

地点： 有许多款冬叶的地方。

以下三项活动包括多种多样使用款冬叶的游戏机会，让小朋友们贴着肌肤感受它们。

1. 协调想象游戏

一名儿童（或者游戏组长）用"我的款冬叶是……"开头，介绍一个概念，但是不说出其名称（例如：款冬叶卷成一支雪茄烟，表现得好像……）

猜中概念者，现在重复这句话"我的款冬叶是……"，描述下一个概念……

2. 用款冬叶制作不同物品

小朋友们用款冬叶制作成不同的物品，供他们游戏时使用。

例如：

● 玩具小茅屋用的叶片屋顶

● 野餐的餐具

● 不同馅料的可丽饼

● 雨伞店的雨伞

● 礼品纸（当作小包裹扎紧，里面包着意外的惊喜之物……）

3. 森林诊所

组长向小朋友们说明款冬叶的不同疗效。

案例：

头疼： 带毛茸茸下端的款冬叶放在额头上。

静脉发炎： 由捣碎的新叶做成膏药团，抹在患处。

肿胀的双脚： 敷上绿色款冬叶。

咳嗽： 晾干款冬叶，点燃，然后烟熏。（要有大人在旁边照看！）

小朋友们用这些知识开设了一家森林诊所，其中一名儿童充当款冬医生与几位助理一道治疗患者。

他们肯定能够想起其他疾病及其治疗的方法！

若干时间过后，孩子们更换角色。

注意！ 花朵与树叶不能食用，尽管某些书中把它们称作美食，但它们含有一定的生物碱，很有可能对儿童产生令人忧虑的副作用。就是用款冬叶和花朵制作抗咳嗽茶和咳嗽糖浆也出于同样的原因，谨慎起见不做描述。取而代之是用花朵制成"魔幻药"，纯粹外用。

花园种植小贴士

● 款冬既不能以种子也不能以整株植物形式购买，但其在大自然中极为常见，因此允许采摘。

● 款冬是非常容易满足的植物，因此可以在花园十分贫瘠的地方种植或者播种：非常适合干燥、堆满碎石、沙子的垃圾场或者路边。如果土壤太肥沃，其他的植物会比款冬更强大，就有可能把它从那儿驱逐走。

● 款冬是见光发芽。因此它的种子撒在土壤表面，不用埋在土里。

种一种

款冬花床

小朋友们通过该活动，观察款冬是否在贫瘠的土壤感觉最舒服。

材料： 款冬种子、用于苗床划界的石子。

在住家附近用石头划出一块地，播撒款冬种子。例如一块沙地、草地或者花床、路边，所有允许的地方。

只要有耐心，就能观察到大多数种子在哪里发芽。

熊葱
芳香之海

　　熊葱虽然绿得不够显眼，但也无法视而不见，它们成片出现，叶子有特殊的大蒜气味；可以吃，可以挖出来玩耍，你还可以在熊葱丛中漫步。

通缉令

花朵：伞形花序中带六片花瓣的白色星形花朵，蒜香浓郁。

有何特别之处？

- 叶子后面才出现花朵。
- 种子由蚂蚁传播。
- 容易与秋水仙、铃兰混淆。

叶：最初浅绿，然后更深，舌形，柔软，有蒜味。

何处可以找到？

- 在河谷森林，潮湿的山毛榉树林里。
- 在公园和大花园中丛生。

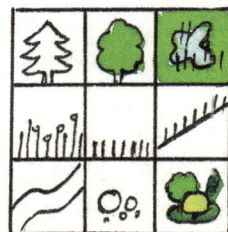

何时可以找到？

- 三月中旬到五月初长出熊葱叶。
- 五月初开花。

根部：白色长条块茎，有浓烈的蒜味。

一月	二月	三月	四月	五月	六月

绿色芳香之海

熊葱生长在河谷森林，潮湿的山毛榉树林，还有公园里，它们从来不孤单，而是成片地生长。

三月里，叶子卷成小尖头钻出土壤，展开，形成了真正的叶海。其他的植物在熊葱丛中几乎找不到位置。到了五月份，无数的白色星形小花才长出来，然后变成种子大面积传播。

1平方米的土地平均可以容纳60株熊葱、160朵伞形花序和9000粒种子！

所有植物都散发着细细的蒜香。这种香味来自储藏在整个植物中芬芳的油脂。当树木长出了树叶，这些熊葱就会再度消失。

香味散步

小朋友们进行一次穿越"熊葱之海"的"香味散步"，有意识地闻一闻香味。他们的鞋子可能会沾上蒜香，带一点点这种香味回家。白色的体操鞋也有可能暂时染上绿色。

年龄：4岁以上

地点：熊葱之海。

一组人穿越茂密的熊葱，留下清晰的足印。游戏组长带着小组首先按照"之"字形，"8"字形，回旋形或者其他图案走走。

如果在熊葱之海留下足迹，游戏便开始了。这时不断采用新手法"尾随"该图案。例如：

- 愈来愈快
- 用一条腿
- 后退
- 踮脚尖

闻一闻 & 看一看

花海中寻宝

小朋友们在活动中不仅要积极地嗅闻，而且要伸长脖子观望寻宝。

年龄： 4 岁以上

地点： 熊葱花海。

材料： 宝藏（例如盛有面包、奶酪和盐的箱子）。

在一处确定界线的熊葱区域寻找一条通往宝藏的足迹路线，事先由游戏组长偷偷地留下足迹(这些足迹有的是走错路、死胡同留下的)。

孩子们分成几个小组，各自站在自己的起点，他们根据手势出发，跟踪这些足迹。

注意： 小朋友们不允许离开足迹，尽管他们发现了宝藏！

首先发现宝藏的小组，允许制作熊葱花朵面包（见后页），分发给所有人！

熊一般强大的能量

人们可以观察到，在经过冬眠之后，瘦下来的熊食用大量熊葱，很快就变得强壮有力，获得了充满光泽的漂亮皮毛。这和植物从"熊的力量"得名。

熊葱在人身上也可发挥作用。当人在春天感觉疲劳时，可借助熊葱再次获得熊一般的强大力量。它能清理血液、肠胃，抵抗邪恶的细菌。

熊葱里含有维生素 C，因为它不是栽培出来的，所以比真正的大蒜具有更强的效果。

熊 葱

爱娃玛丽·塔费尔纳

一个春天夜晚，
熊哥从冬眠中苏醒，
大概在想什么？
我肚子空空，
脑瓜沉重。
到哪儿才能找到，
大自然之中，
绿色的熊葱，
填满我的肚皮？

这时熊嫂回答
我请你，
跟在我身后。
小溪附近，
你有没有闻到香味，
迷漫在空气中？

熊哥与熊嫂一路小跑，
满怀喜悦来到冰间谷地！
听见它们吧嗒吧嗒地吃东西？
用熊掌把葱叶塞入嘴里，
它们抢起拳头，

感觉到了力量，
是汁液帮助它们恢复了力量。
熊教会我们：
当你感觉疲倦，
挑选一片熊葱叶，
塞入嘴里，
你将精力充沛！

熊的力量

小朋友们在长满熊葱的地方进行"熊葱野餐",借此机会测量一下各自的"熊力"!

年龄: 4岁以上

地点: 一片熊葱之海。

材料: 野餐需要的所有东西。

在熊葱之海的边缘,小朋友们欢聚野餐。如果所有人都吃下足够的熊葱,一场力量比赛便开始了。

可以有各种不同的比赛:

- 谁能够扯下最多的熊葱叶?
- 谁能够挖出最长的熊葱叶?
- 谁穿过熊葱之海跑得最快?

常见的比赛方法如压胳膊,拉手指(中指),撞倒(只许用胳膊,不能向前或者向后迈步)……

神奇的力量

在民间传说里,熊葱的气味能帮助人们对付盗贼。人们常常说:"如果你担心遭窃,睡觉前把面包和熊葱绑在左臂。也许盗贼随后会在梦中出现……但你仍可以放心地呼呼大睡!"

驱除盗贼

年龄: 5岁以上

材料: 绷带、熊葱叶。

小朋友们蒙住眼睛,手握熊葱叶坐成一圈。每个孩子跟前放置一件个人物品。没有系绷带的孩子扮演"小偷",他的任务是轻声地匍匐前行,偷走物品。

谁听到小偷的声音,就用手里的熊葱指向这个方向。小偷不得不把物品放下,到别处去碰运气。

如果"小偷"成功偷走了东西,而没有被发现,那么遭窃者就得扮演下一个"小偷"。

提示: 游戏组长要始终密切监视事态的发展!

可口的熊葱

熊葱不仅有益于健康,而且味道可口。在石器时代人们就食用熊葱。鲜嫩的葱叶最合适。新鲜的叶尖口感比香葱还要细腻柔和。当第一批熊葱花盛开时,葱叶已经非常辛辣。然后就可以采摘花朵了。

注意!熊葱叶不可与有毒的铃兰和秋水仙叶混淆:铃兰叶没有大蒜味道。秋水仙叶也没有大蒜香味,一簇簇生长,中间之后(四月份)会形成绿色的荚果,根部外形也不同。只有熊葱具有修长的白色块茎,就像整株植物那样,葱香四溢。

别忘记!为了安全起见,始终要检测是否有大蒜气味!

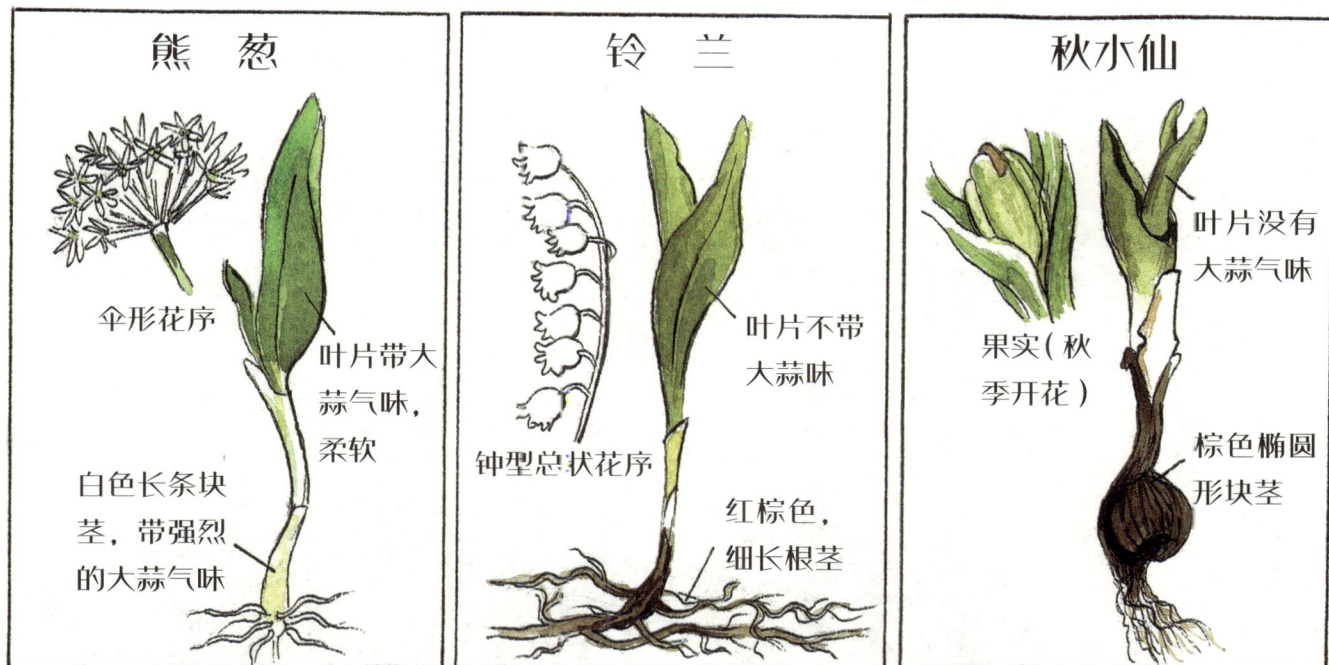

熊 葱	铃 兰	秋水仙
伞形花序 叶片带大蒜气味，柔软 白色长条块茎，带强烈的大蒜气味	叶片不带大蒜味 钟型总状花序 红棕色，细长根茎	叶片没有大蒜气味 果实（秋季开花） 棕色椭圆形块茎

尝一尝

用熊葱烹调

熊葱黄油

配料： 鲜嫩的熊葱叶、黄油、盐。

鲜嫩的熊葱叶剁碎，用黄油和盐搅拌。黄油制成小球，放入冰箱。黄油可放置好些天。

熊葱比萨饼

配料： 若干熊葱软膏（见上文）、1 杯掼奶油、50 克磨细的奶酪、3 枚鸡蛋、1 块比萨饼底。

软膏与掼奶油、奶酪与鸡蛋拌和，放在比萨饼底，烘焙。

熊葱软膏

配料： 鲜嫩的熊葱叶、100 毫升上好的橄榄油、1 汤匙盐、满满一捧五针松松子、100 克磨碎的巴马干酪。

将新鲜的熊葱叶子细细剁碎，与橄榄油、盐、五针松松子、磨碎的巴马干酪搅拌。所有的配料做成糊状。

熊葱软膏配意大利面条，味道可口；或者涂抹在面包上，在炉子上加热几分钟！

软膏放在可封闭的玻璃杯内，用两厘米厚的橄榄油层保护，冷却保存若干星期。

熊葱花朵面包

配料： 黑面包、黄油、新鲜熊葱花。

黑面包涂上黄油，从伞形花序拔下花朵，用一个漂亮的模型插到面包上——3 岁儿童就可以制作！

花园种植小贴士

- 熊葱是河谷地带和潮湿的阔叶林常见的植物，允许挖掘。
- 熊葱喜爱阔叶林下有阴影的潮湿之处，害怕干燥与割草机。
- 它如果是在喜欢的地方，便通过块茎和种子传播快速地繁殖。
- 绿色的果实在六月份成熟。果实分三瓣绽开，放出三粒黑色、球状种子（大约有针头大小）。
之后熊葱就钻入土壤中。但是不用担心，来年春天它又会再度出现！

种一种

熊葱地界

年龄： 4 岁以上

材料： 熊葱植物、小铁铲。

熊葱可以在自家花园里方便地种植。可以在生长熊葱的森林里挖出地砖大小的熊葱植物，移栽在花园阴影处，最好是阔叶树下。

如果是在适宜的地方，熊葱的地界将越变越大，也许会变成一片熊葱的海洋。

榕叶毛茛
花床外套

当花床盖上一条油亮的心形叶片与黄色的星形花朵组成的花毯时，严格的园丁对此并不开心。但是倘若他们了解到这些榕叶毛茛用途如此广泛时，就会表示尊敬。

然而不仅美食家、女巫、厨师，还有小:小科学家们都满怀欣喜，带上显微镜、铁锹、花盆、水壶出发……

通缉令

花朵：黄色，星形，花瓣有蜜槽鳞片。

茎：直立，中空。

叶：心形、油亮，形成叶毯。

有何特殊之处？

- 芽孢体（白色珠芽）处于阔叶的腋窝。
- 太阳光下才开花。
- 不会形成果实或者只有瘦果。
- 五月底花毯消失，只有珠芽还存在。
- 系毛茛的近亲。
- 开花前，叶可食用，之后有轻微毒性。

何处可以找到？

- 曾经有水的沟渠和洼地。
- 小溪两侧。
- 高大的公园树下和花床上。
- 低地河谷和潮湿的阔叶林间。

何时可以找到？

三月初到四月底。

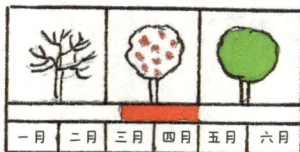

一月	二月	三月	四月	五月	六月

根部：线形，其间有棒状根瘤

叶片窗户

年龄： 5 岁以上
材料： 各种颜色的透明纸、深绿色的彩纸、胶水、精致的尖头剪刀。

在彩纸上画出一张布满美丽叶脉的网和放大的叶片。一张榕叶毛茛叶可有助于图案设计。

用尖头剪刀剪下叶脉，把透明纸垫在下面。

叶片在一扇窗户旁将会显得异常美丽。

如果叶脉变厚，可以把"叶肉"剪出。把透明纸垫在下面，叶片会显得更明亮，类似于玻璃马赛克窗户。

神秘的美丽

榕叶毛茛远胜过一朵不显眼的黄色小花。然而你一定要仔细观察：油亮叶片的叶脉外观如同一片画出来的美丽叶子。每片叶子上金黄色的花朵都有蜜槽鳞片，吸引着蜜蜂与苍蝇。它们只在太阳光照射下才开花。

放大镜下的秘密

自然界里许多的小奇迹往往需要更为仔细地放大观察才能看见。

年龄： 5 岁以上
材料： 放大镜或者光学显微镜、榕叶毛茛。

在放大镜或者显微镜下仔细观察榕叶毛茛的花朵与叶子，就会发现诸如蜜槽鳞片，叶脉树或者小根瘤。

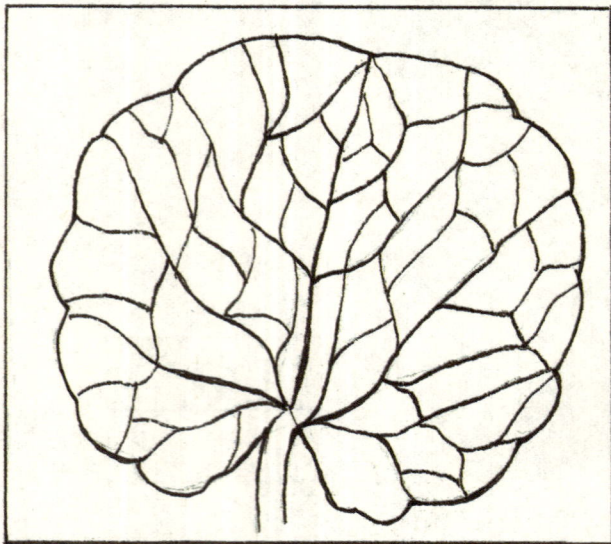

根瘤植物

在榕叶毛茛开花期间，在其叶片的腋窝内——叶柄和茎秆之间的内部区域——长出一颗白色小珠芽，也可以称为芽孢体。每颗珠芽在成熟之后落到地面，以淀粉的方式储存养料，到来年春天发芽成为新植物。

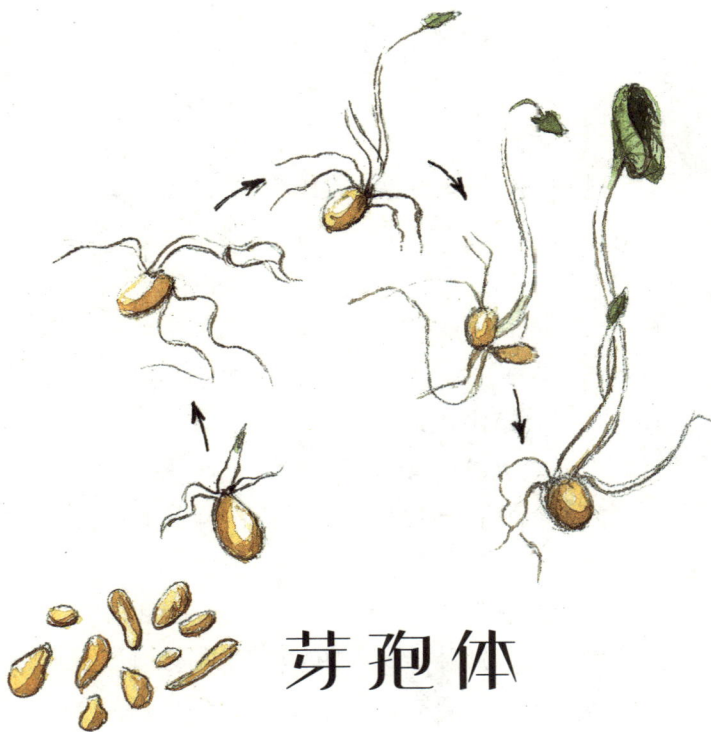

芽孢体

试一试 & 看一看

珠芽抽芽

早春时节（二月底至三月初），在去年春天榕叶毛茛开花的地方，小珠芽又会重新躺在土壤上或者下侧，它们随着植物成熟后又会重新落下。这些珠芽准备发芽，因为它们经历了必要的"寒冷考验"（冬天）。

年龄： 5岁以上

材料： 去年的榕叶毛茛芽孢体、羊毛或者脱脂棉、平整的塑料碟。

收集脱落的芽孢体，放入有潮湿羊毛的碟子内，让它们充分抽芽，观察榕叶毛茛的变化。它在头几天根部显露，然后出现嫩芽，整整一周之后长出叶片。

水传播

在叶窝内的芽孢体外形类似小麦颗粒。下雨时它们会大量落在地面上，好像下了一场小麦雨。雨水冲刷后，这些颗粒状的珠芽成了一小堆。过去，人们把这堆东西称为"天空的大麦"，并难以置信地用它们来烘焙面包。

榕叶毛茛的珠芽被水冲走后，可以在水面上漂浮。遇到洪水时，它们可以再度移居到新地点。因此榕叶毛茛大量地生长在洼地和分布在小溪旁边。

珠芽游泳比赛

年龄: 5 岁以上

材料: 一定数量的榕叶毛茛珠芽、水源地或者与水相连的沙地、水壶、"防泥浆"服装。

小朋友们分成若干小组,在沙地里建造 1 ~ 2 米长的河流景观,呈放射状对准中心。

在建造河流景观时,发挥创造力:建造岛屿、死支流、分叉、海峡和地下河段……

每组获得一份种子,并把同样数量的种子放在注水的水壶旁。

小朋友们把种子放在一段河流的起始处,水壶放置在河边,让水流淌。他们能把这些种子运送到中心或者在其他地方收集种子吗?

可以把大多数珠芽冲刷到目标中心的为获胜者。

提示: 各小组依次放水,否则会漫过中心。

变化方案:

如果小朋友们按照顺时针使用另外一组的河床,也很刺激。哪个小组设置了最多的障碍呢?

小种子运送游戏

年龄: 6 岁以上

材料: 满满一捧榕叶毛茛珠芽或者其他的种子、桌子、供所有参与者使用的大头针。

珠芽撒在桌子上。每个孩子手里拿着大头针。每当游戏组长喊"开始",小朋友们就尽量把种子往他们的位置运送。谁能成功地在 3 分钟内"移居"最多的种子,谁就获胜。

变化方案(4 岁以上):

较小的孩子放弃大头针,用调羹或者手指当运输工具。

洪水游戏

洪水——威胁我们人类，但对有些植物却是必需的。

年龄： 4岁起

地点： 摆着桌椅板凳的大房间——最好是体操房。

在一个大房间内，相距远远的，无序摆放着许多相距较远的桌椅板凳，在圆形健身跑道上也摆放着类似物品。小朋友们任意地站在房间的任何一个位置。

游戏组长喊一声："洪水！"小朋友们必须寻找一个高于地面的地方躲避，例如爬上板凳或者费力登上一张桌子。只要到处都是洪水，小朋友们就继续奔跑和跳跃到更高的健身跑道上。谁碰到地面，为了剩下的游戏就得在此地"生根"。

如果游戏组长大声喊道："停止！"所有人都从障碍处跳开，而距离"生根"的孩子的最近障碍物将被清除。

如果"洪水"滔天时，便要一再进行下去。游戏尽量玩得久一些，直到愈来愈多的孩子被迫"停下来"——伴随着每一轮洪水结束，这堆来自"生根"孩子身上的"天上大麦"会愈来愈多。

榕叶毛茛治疗坏血病

从前，缺少维生素C的疾病常常被称为坏血病。柑橘类水果富含维生素C，榕叶毛茛叶中也有。因此从前为了治疗坏血病常常使用榕叶毛茛叶。尤其是海员，常常数月在甲板上生活没有新鲜养料，易牙龈出血、肌肉无力，因为他们很少摄入维生素C。为了治疗疣子，人们使用榕叶毛茛叶，并给它取名叫作"疣子草药"。

树瘤黏液

孩子在这里可以扮演草药女巫。

年龄： 5岁以上

材料： 榕叶毛茛叶、臼或者盘子与石头、小玻璃杯。

采摘榕叶毛茛叶，在石头之间或者借助臼磨碎。

最后得到一种绿色黏液，将其放入小玻璃杯中。这种混合物有助于治疗疣子。

奇迹药片

17世纪，榕叶毛茛在伦敦被当作一种可以治疗一种传染病的奇妙药剂的重要成分。

药方： 半捧榕叶毛茛、粉末状的象牙粉、6汤匙龙水。

所有配料混合。

也许小朋友们可以找到后面两种配料的替代品。

凯特莉、扬和榕叶毛茛

扬，大家都这么叫他。他住在海边一间老旧的渔夫房子内，长着一双蓝眼睛，拥有一头浓密的金黄色头发，洁白的牙齿是他身上最漂亮的部位。扬朗声大笑时，就会露出闪亮的牙齿。他常常笑不可支，特别是与邻家姑娘相处时。

早晨扬第一眼没有看天气，而是投向凯特莉披着亮丽红色卷发的脑袋。凯特莉拥有一只小而微翘的鼻子，脸上布满雀斑。凯特莉的双眼像猫的眼睛那样露出绿光，如果有人对姑娘发脾气，她就像猫那样发出呼噜声。

孩子们喜欢坐在扬的爷爷旁边的长凳上。他曾经当过海员，周游世界，比起孩子们以打渔为生的父亲，他能够讲述更多激动人心的故事。

因此喜欢冒险的扬也想出海，但是他并未得到凯特莉的首肯。

"别以为我会嫁给你！倘若这样我就会像你奶奶那样，悲哀孤独地坐在家里。当你终于回来时，像爷爷那样，你嘴里的牙齿全都掉光了，非常吓人！呸，我怎么亲吻你呢？哎哟，每天只能煮汤，因为你什么都咬不动呀！"

凯特莉像猫一般怒吼，眼里闪烁着可怕的光芒。

她竭力想在爷爷张开的嘴巴里看见至少一颗牙齿，然而却是白费力气。当她向爷爷打听原因时，爷爷解释道："你明白的，凯特莉，海员常常待在海上长达几周。新鲜的食物在酷热之下会腐败，因此只有风干、腌过的鱼类和陈年面包。牙床肉发炎，一颗颗牙齿在疼痛之中纷纷脱落。但是海员会带上许多珍宝和一大笔钱财回家。"

"原来如此。"姑娘干巴巴地说道，"您的宝藏和钱财存放在哪里了，爷爷？"爷爷张开空荡荡的嘴巴尴尬地笑笑："嗨！剩下的在哪里呢？一定在某些海港城市，在扬爸爸的新渔船上和我抽的烟草里！"

"哼！"凯特莉怒吼，"为此你却牺牲掉牙齿？不，扬，你要想当海员，我肯定不会嫁给你！"她跳起来，跑掉了。

扬悲伤地拖着脚步走入屋内，因为他既想娶凯特莉，也想到外面的世界闯荡。

有一天，凯特莉听到有位白发苍苍的老妪讲起草药可以治疗所有的疾病，她便和扬走了很长一段路去找草药。

当老婆婆听到他们的困境时，放声大笑，与他们一块儿来到房子附近的草地旁。

"你们来对了时候。昨天燕子返回，应该能够帮助你，让榕叶毛茛开花。"

在潮湿的草地上铺着一片绿色的叶毯，闪亮的黄色星形花朵在其中闪耀。

"人们称之为燕子草或者黄油花，因为它们在阳光下亮丽无比。但是如果有一朵云遮住太阳，花朵为保护自己就会闭合。"她摘下一把草药，说道，"这里，你记住，到处都可以找到这些可轻松识别的珠芽，它们容易繁殖。你在漂洋过海时食用它，你回来时，你的恋人会高兴地见到你满口亮晶晶的牙齿！"

两人若有所思地返回他们的村子。而后，扬出海了，凯特莉忠贞不渝地等待他。

当他有一天皮肤晒成棕色站在门口，不但他的眼睛，而且还有雪白的牙齿都在迎候她。

这样没有什么可以阻碍他们的婚礼啦。

可口的榕叶毛茛叶

　　榕叶毛茛叶不仅有助于健康，而且可以食用。它们必须在开花前采摘，因为开花时会形成有害的毒素。此外，新鲜的嫩叶口感最好。它们可以未经加工放在混合沙拉之中或者放在黄油面包上享用。

尝一尝

绿色的厨房

　　将醋制榕叶毛茛花蕾放在绿色沙拉上，味道很不错。

　　佐料： 榕叶毛茛花蕾、醋、橄榄油。

　　采摘榕叶毛茛花蕾，在盐水中浸泡一下。倒掉水，花蕾浇上醋，放入一个玻璃瓶中。在封闭瓶子之前，用一层层薄薄的橄榄油层覆盖，阻止霉菌形成。

绿色大理石花纹蛋糕

　　配料： 250 克面粉、1 包发酵粉、125 克糖、1/8 升牛奶、2 只鸡蛋、100 克新鲜榕叶毛茛叶和糖。

　　面粉与发酵粉混合。放入糖的鸡蛋打出泡沫，首先倒入牛奶，然后是面粉与发酵粉混合物和鸡蛋与糖混合物搅拌。

　　面团分成两半。

　　一半与剁小的、蒸过的榕叶毛茛叶混合，后者事先用 1 汤匙面粉和糖搅拌。

　　绿色和白色面团轮流填入抹上黄油的圆锥形空心蛋糕模具内。

　　在 180℃ 的炉子中烤上大约 1 小时。

花园种植小贴士

● 榕叶毛茛特别喜欢在潮湿的土地上、大树下，还有花床上生长。在茂密的草地上、在树皮覆盖物上其无法生长。

● 假如有人愿意观察的话，会发现榕叶毛茛是一种传播很远的花园"杂草"。

榕叶毛茛一旦生根，几乎根除不了。每年春天它都会形成珠芽，然后下一年春天这片叶毯将扩大一块。即使厚厚的落叶层也不是榕叶毛茛的障碍：它们会驱动白色的长梗，直到通往光照的路途空出来。

叶毯连带它们黄色星形花朵外观非常漂亮。它们只能驱赶非常柔嫩的春天小植物，而对于郁金香和水仙它们却伤害不到。之后，到了五月份，叶毯反而会消失。

● 榕叶毛茛特别适合于在堆肥上丛生。造成干扰的榕叶毛茛常常被人从苗床上清除，扔到堆肥上。那里也可能会落下它的珠芽，保持完好若干年。如果若干年后，这些处理过的堆肥再次施到苗床上，这些珠芽会自动地抽出新鲜的芽，覆盖一块空余的地方。

● 五月底不再看得见榕叶毛茛。叶毯变成棕色，干枯，只能用肉眼才能辨认。

种一种 & 想一想

女巫的花园

小朋友们在此塑造自己的花园，扮演想象中的"草药女巫"。

年龄： 5 岁以上

材料： 大花盆、花泥、发芽状态的榕叶毛茛珠芽（去年的）、树根、可以自己变硬的泥土。

大花盆填满花泥，放入成熟的榕叶毛茛珠芽，盖上一点土。每天浇些水，等待，直到第一片叶子长出来。

在花园角落，可以放置一间袖珍女巫房，用空心树根或者陶土自制。

一个女巫——可用弯曲的树根，也可用陶土制作。一块磨石和一把装有佐料（小浆果、蘑菇、地衣）的水壶，让女巫花园更加完美。

驴蹄草
胶靴植物

烂泥是驴蹄草的天堂，它们最喜欢把脚丫插在里面，真正变成"肥嘟嘟"的模样。对于小朋友来说，没有什么比用烂泥、泥土和水玩耍更有趣的事了。本章允许做这些游戏。穿上胶鞋，这些美不胜收的春天使者就能变得触手可及。

通缉令

花朵： 杯状，呈蛋黄色，有许多的雄蕊。

叶： 心形、闪亮、肉质。

茎： 空心，粗壮。

有何特殊之处？

- 在较为干燥的地方外观完全不一样（较小，无肉质）。
- 整株植物有轻微的毒性。

何处可以找到？

- 沼泽地、沟渠、小溪畔、森林。
- 在潮湿的群落生境中栽种。

何时可以找到？

三月中旬到四月底。

一月	二月	三月	四月	五月	六月

蛋黄膳食

驴蹄草的花朵是蛋黄色的，含有极多的花粉和花蜜。昆虫找到前往的路径，不单单只靠浓烈的黄色。

在花朵中含有所谓的"汁液斑点"，这是特别的花朵图案与彩色斑点，人们可能无法识别，但是昆虫会发现这种"紫外线"，然后借此找到花蜜。

摸一摸

黄鼻子

年龄： 3 岁以上

用手指尖与鼻子尖碰一下花朵，马上就被花粉染黄了。

黄彼得

怎样才能在"黄彼得"游戏中嵌入黄鼻子呢？

材料： 25 张扑克牌（用彩色卡纸制作，由 12 对春花对牌 + 1 张驴蹄草牌组成）、透明的粘贴薄膜。

"黄彼得"扑克牌游戏特别适合由 12 对春花对牌和充当"黄彼得"的驴蹄草牌组成。

每次压制的花朵放在扑克牌上，盖上透明的薄膜——扑克牌制作游戏结束！

扑克牌依次遮挡并分发给小朋友，之后按顺时针方向，在旁边的孩子处抽一张牌。谁拿到对牌，就在面前放下。最后手上仍然拿着驴蹄草牌的孩子，就是黄彼得，要在鼻子上画一个黄点。

玩游戏

秘密的信息

在此游戏中要画的不是一条通往花蜜的秘密紫外线踪迹，而是一道用密码书写信息的充满神秘的成长痕迹……

年龄： 4 岁以上

材料： 白蜡烛头、水彩、纸张。

互相写出或画出秘密的信息——用白蜡烛滴在白纸上做这件事……

用深色水彩涂在这张纸上，解码这些神秘的信息——如同用魔手让这些信息清晰可见！

听一听

什么在鸡蛋里敲击

年龄： 3 岁以上

材料： 16 只相同的、可以闭合的小罐子
（令人感到意外的蛋壳或者胶卷罐）。

游戏组长给每两只小罐子填上相同的内容，例如沙、土、锯末、碎石子、蛋壳、棕榈的柔荑花序、欧洲榛子小香肠。

然后把填满材料的 16 只小罐放在一张方桌上。

现在玩记忆游戏，不是翻转小卡片观看，而是摇晃小罐子。

当一名孩子认为找到了正确的一对，检查里面的内容。

提示： 年纪较大的孩子使用更多的小罐子。

驴蹄草（爱娃玛丽·塔费尔纳）

从前有一只复活节小兔，
内心喜悦卧在绿草丛中。

爸爸说道："给我听着，
你差不多算个男子汉，
到迈尔太太那儿，
取回满满一筐蛋。
小家伙，要注意！
可别打碎我的蛋。
你明白，复活节前蛋价涨，
而且今年非常贵！
别在路上跑和跳；
别转向，走木桥。
说一声'迈尔太太，早上好！
我们想买新鸡蛋！'
行上优美屈膝礼，
转达我美好祝愿。
这些活儿一忙完，
我会支付买蛋钱！"

兔子顺路往前行，
心里有些不安静，
但见春天草地上，
放肆姑娘特张狂，
想到爸爸的嘱托，
乖巧没有离大路。

母鸡迈尔极高兴，
装满沉沉蛋一筐，
蹦跳兔子弯下腰，
鸡蛋篮子搭背上！

姑娘此时跳跟前，
嘲笑它，戏弄它。
大声嚷："你别想抓到我，
像头公牛快走开！"

这时汉斯遇麻烦，
谁见它速度那么快。
彩色的鸡蛋已遗忘，
还有精彩复活节庆典。
跟在姑娘身后蹦蹦跳，
背着篮子，蹚过小溪！

它追上姑娘，
忧心地看一下篮筐。
它痛苦地发现，
嗨，破碎的蛋壳篮里躺！
河边黄色闪亮，
它在那儿找到蛋黄。

兔子内心痛苦无边！
漂亮的仙女帮它忙。
施魔法，蛋黄变鲜花，
勤劳的蜜蜂上下翻飞。
她把鸡蛋完全复原，
我们的兔子，真幸运！

一枚鸡蛋也没丢，
爸爸摸摸兔耳朵。
红、绿、蓝画蛋上，
驴蹄草竞相绽放。

想一想＆种一种

从鸡蛋蛋黄到沼泽地蛋黄

年龄： 6岁以上

小朋友们共同或者分组编出以下面标题为主的故事：

鸡蛋蛋黄怎样变成了沼泽地蛋黄……

变化方案：

植物形变也可以用画图方式展示……

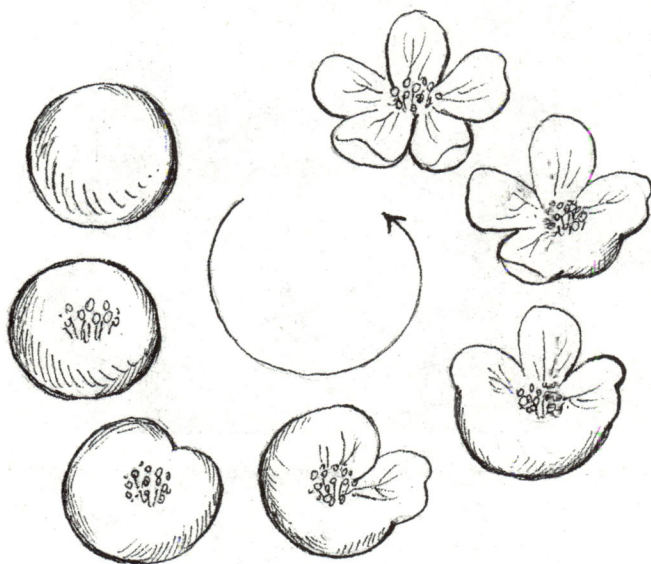

泥泞的朋友

沼泽地的驴蹄草喜欢潮湿的地方。在小溪畔或者小泉水旁的烂泥地里，它们可以真正变得"肥嘟嘟"：它们的叶子油光闪闪，似乎抹了黄油，茎特别多肉，花朵硕大。因此驴蹄草还被誉为脂肪花、油脂花和黄油花。

有时候在较干燥的地方还有些体弱多病的驴蹄草，它们在那儿待不长久。

想一想＆做一做

巧克力厨房

小朋友在此活动中允许随心所欲地"玩烂泥"。

年龄： 3岁以上

材料： 泥土、水、桶、模具、相应的服装。

使用泥土、沙子和水，按比例制备"可口的巧克力制品"：

含花朵馅的巧克力团子、巧克力汁、巧克力蛋糕、巧克力冰激凌球……

唱一唱

蛋黄沼泽

词曲：L.盖塞尔布莱希特和 J.盖塞尔布莱希特

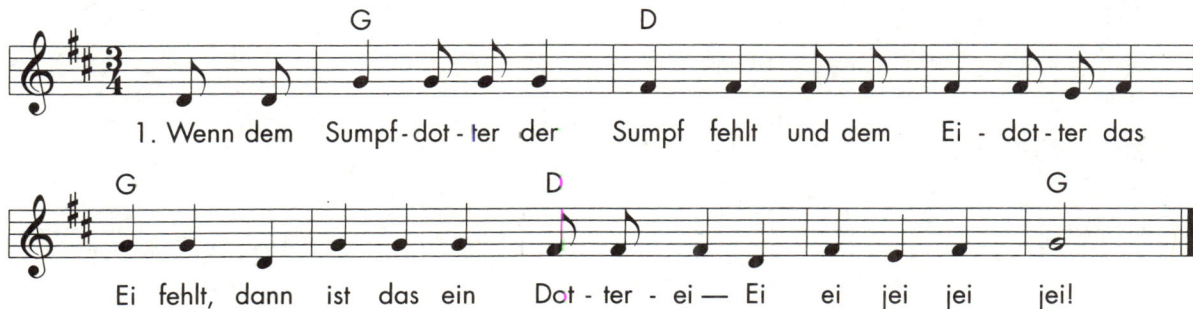

1. Wenn dem Sumpf-dot-ter der Sumpf fehlt und dem Ei-dot-ter das

Ei fehlt, dann ist das ein Dot-ter-ei — Ei ei jei jei jei!

1. 如果沼泽蛋黄缺了沼泽，鸡蛋缺了蛋黄，这是一个蛋黄鸡蛋，鸡蛋，鸡蛋，唉，唉，唉！

2. 如果鸡蛋沼泽缺了鸡蛋，蛋黄鸡蛋缺了蛋黄，这是沼泽鸡蛋，鸡蛋，鸡蛋，唉，唉，唉！

花园种植小贴士

- 驴蹄草在花床上会变干。它在潮湿的群落生境或者水流旁会生长得很茂盛。
- 苗圃里有整株植物。
- 驴蹄草含轻微的毒性。

驴蹄草天堂

年龄： 4岁以上

材料： 透明的塑料盆、泥土、驴蹄草植物、所有小孩房可以找到的配件（惊喜蛋的蛋壳、小人偶、其他小物件）。

塑料盆填土，种入驴蹄草，好好浇水，让土壤保持稀泥状。

在植物之间允许小朋友们在烂泥里"挖掘"，充分发挥想象力。注满水的泥坑（将惊喜蛋的半只蛋壳埋入泥巴里），铺设泥泞的道路，泥巴人偶、青蛙、蜥蜴或者沾满泥巴的想象动物（例如，用惊喜蛋的芯子制作）在上面散步，建造小泥巴洞……

其他植物也可以给这个烂泥世界添彩，例如木贼、地衣、铜钱状珍珠菜、榕叶毛茛。

樱 草
芳香四溢的球形花丛

带上一束球形花丛回家是何等幸福的感觉啊！好像春天来了，房间里再次安静下来！芳香四溢的浅黄色花朵，有褶皱的、绒毛状的叶子，结合闻嗅、感觉和观看成为一种享受。不用奇怪，樱草在仙女世界打开幸福与财富的大门，建立与人的关系。快速地摘下一束，每束樱草花都相当于整整一捆鲜花。

通缉令

花朵：类似于钥匙串的伞形花序，浅黄色。

叶：褶皱，因为叶脉在下方伸出。

茎：厚实，坚硬，长有绒毛。

有何特殊之处？

- 香气。
- 花朵（非常甜），叶子可食用。
- 震动小罐：种子随风传播。

何处可以找到？
新草地和稀疏的森林。

何时可以找到？
三月中旬到五月初。

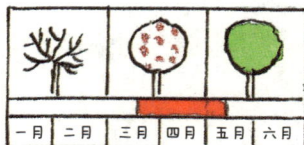

| 一月 | 二月 | 三月 | 四月 | 五月 | 六月 |

听一听 & 玩游戏

钥匙串在哪里

年龄： 4 岁以上
材料： 钥匙串、眼罩。

　　一个孩子拿起钥匙串，其他所有小朋友蒙上眼睛。每隔 10 秒，拿钥匙的孩子让钥匙串在其他位置发出响声，然后把它放在那儿。在拿走和放下时每次都要发出响声。

　　蒙上眼睛的孩子，谁能找到钥匙，便成为下一个拿钥匙串的孩子。

　　提示： 人数较多时，应提供更多的钥匙串和指定更多拿钥匙的孩子。

动动手

樱草串

年龄： 3 岁以上
材料： 手指玩偶、黄色和绿色的卡纸。

　　制作手指玩偶或者在手指上直接画上樱草，然后依次让花朵按照顺序出现：

　　1. 胖子首先听见：瞧，太阳光照射下来。

　　2. 他叫醒了第二个，第二个把脑袋往外探。

　　3. 第三个说："让我安静！"

　　4. 三个人，大声喊："嗨，醒醒！"第四个气喘吁吁地跑来。

　　5. 第五个又睡了一个小时，钥匙串完成。

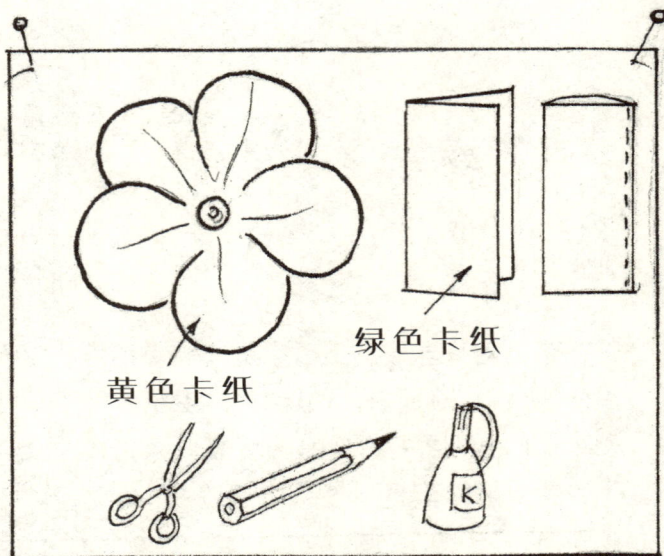

黄色卡纸　　绿色卡纸

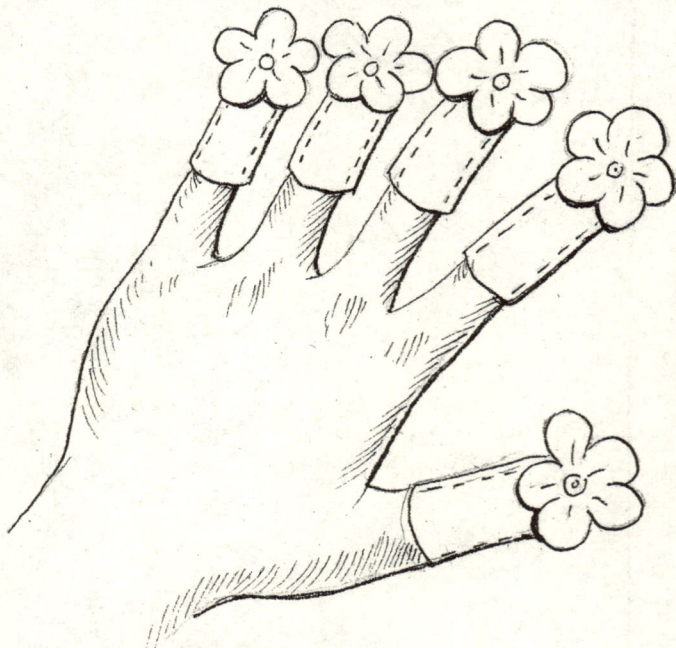

手指玩偶

年龄： 4 岁以上
材料： 黄色和绿色卡纸、剪刀、胶水、铅笔。

　　按照设计图样，花朵用黄色的卡纸剪出，茎用绿色的卡纸剪出。

　　把茎做成手指的厚度，卷成小桶状，粘住。花朵粘在茎的末端。

钥匙与锁

年龄：5 岁以上

材料：剪刀、彩色卡纸上锁和钥匙的复制件。

图案（见插图）可以在薄纸板上放大多倍（复制）。

用纸板剪出不同的锁和与之相配的钥匙。

小朋友们围成一圈坐在桌子周围，上面所有的锁都混在一起放置。游戏组长依次展示一把钥匙。看哪位孩子首先指出正确的锁，获得锁与钥匙。

谁最终得到最多的钥匙？

变化方案

孩子们围成一圈，手里拿一把锁。游戏组长再次拿上所有的钥匙，每次出示一把。

拿到与之相配锁的孩子必须喊："这是我的！"

如果每个孩子都获得了钥匙，游戏就结束。

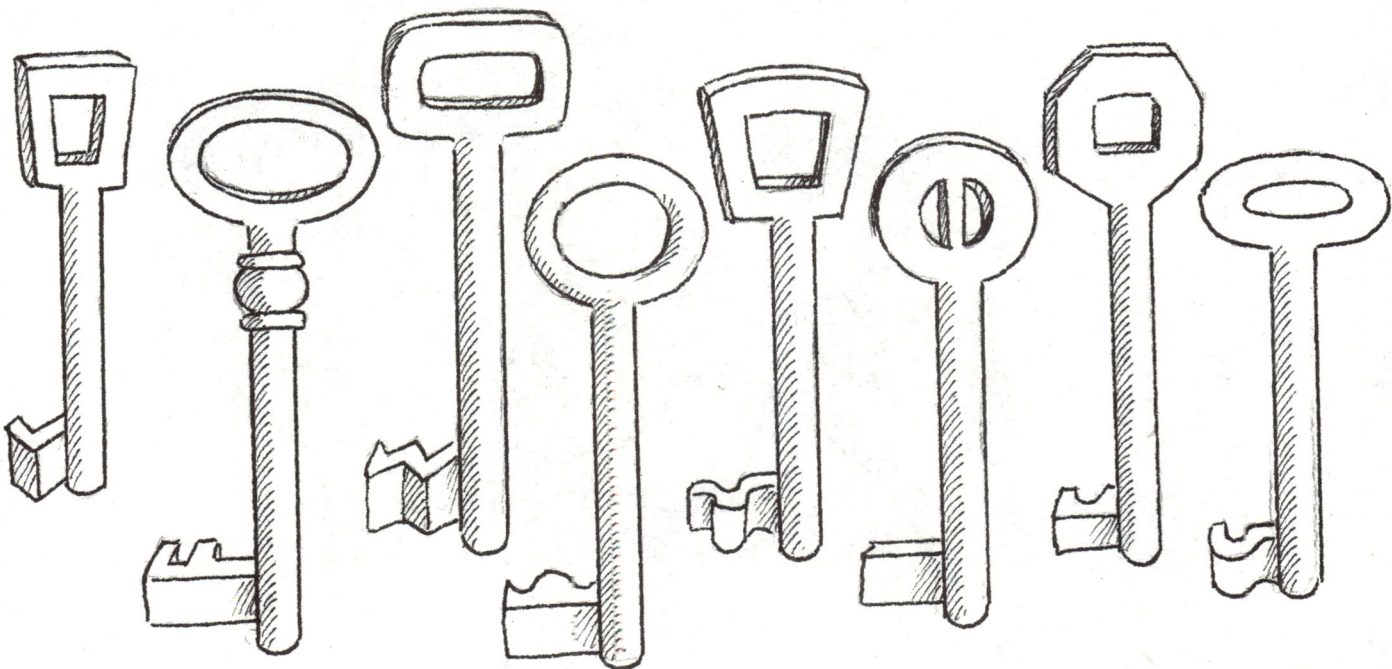

樱草如何得名（民间传说）

冬天把大地牢牢地锁住，使得任何小花都无法盛开。

春天带着它的金钥匙终于来了，急匆匆地从一处草地到另一处草地，从一座森林到另一座森林，开辟土地和各种水域。春天在漫游途中丢失了金钥匙。愤怒的冬天注意到这些，带上它的钥匙再次返回，封闭了所有的水域，朝大地吹了一口冷气。

这让敢于出来的小花们惊慌失措，包括柔嫩的雪花莲、紫罗兰、獐耳细辛和耳状报春花。可怜的春天在寒冷面前瑟瑟发抖，搓着红红的指尖。

它到处寻找钥匙，遇到一朵置身于黑刺李子树丛后的小花——尽管寒风凛冽，它仍然精神抖擞地睁着明亮的黄眼睛。

"来，帮我找一下！"春天说道，"你眼睛那么明亮。"小花跟在后面，在角角落落四下张望，最后发现金钥匙在干枯的落叶里闪耀。

这时春天非常高兴，问黄眼睛小花："你有名字吗？"花朵摇摇头，沉默了。

这时春天说："为了表示感谢，你就叫钥匙草（樱草）吧！"

长花柱与短花柱

樱草有两种花形。一种在中心有清晰可见的绿色小点，另一种在圆形中心连接着橘色茎。

带绿点的花朵被称为长花柱花朵，因为它的花柱长，但是雄蕊短。这种清晰可见的绿点是花柱最上端的标志。

另外一种是短花柱花朵，花柱极短，仅仅超过了花丝。最后清晰可见橘色茎。

大自然设法让两种类型的花朵之间可以互相授粉。雄蜂采蜜时，根据不同的芭型，花粉在口器的上端或下端堆积。当昆虫继续飞到另一类型的花上采蜜时，刚好可以将上一朵花的花粉传于这朵花的柱头上，完成两种类型的花朵之间受精，这样的受精才会结出好果子。

跟踪花朵的种类

放大镜下观察大自然的小小特别之处。
年龄： 5 岁以上
材料： 樱草草地、放大镜。

寻踪

小朋友们各自寻找一种带绿点和带橘色茎杆的花朵，把花朵在中间拉开，就能发现丰富的"内在世界"。最好放在放大镜下精确观察。

花朵类型游戏

材料： 带子（橘色和绿色）、音乐。

小朋友们组成两组，分别获得橘色和绿色的带子，伴随音乐在房间里奔跑。

音乐停下来，他们应该完成交替的任务：

• 每次必须找到一个获得绿色带子的孩子和一个获得橘色带子的孩子。

• 获得同一种颜色带子的三个孩子必须作为樱草聚在一起。

• 获得绿色带子的儿童变得非常小，获得橘色带子的儿童变得非常大（长花柱），或者相反（短花柱）。

• 所有获得绿色和橘色带子的孩子们形成一个圆……

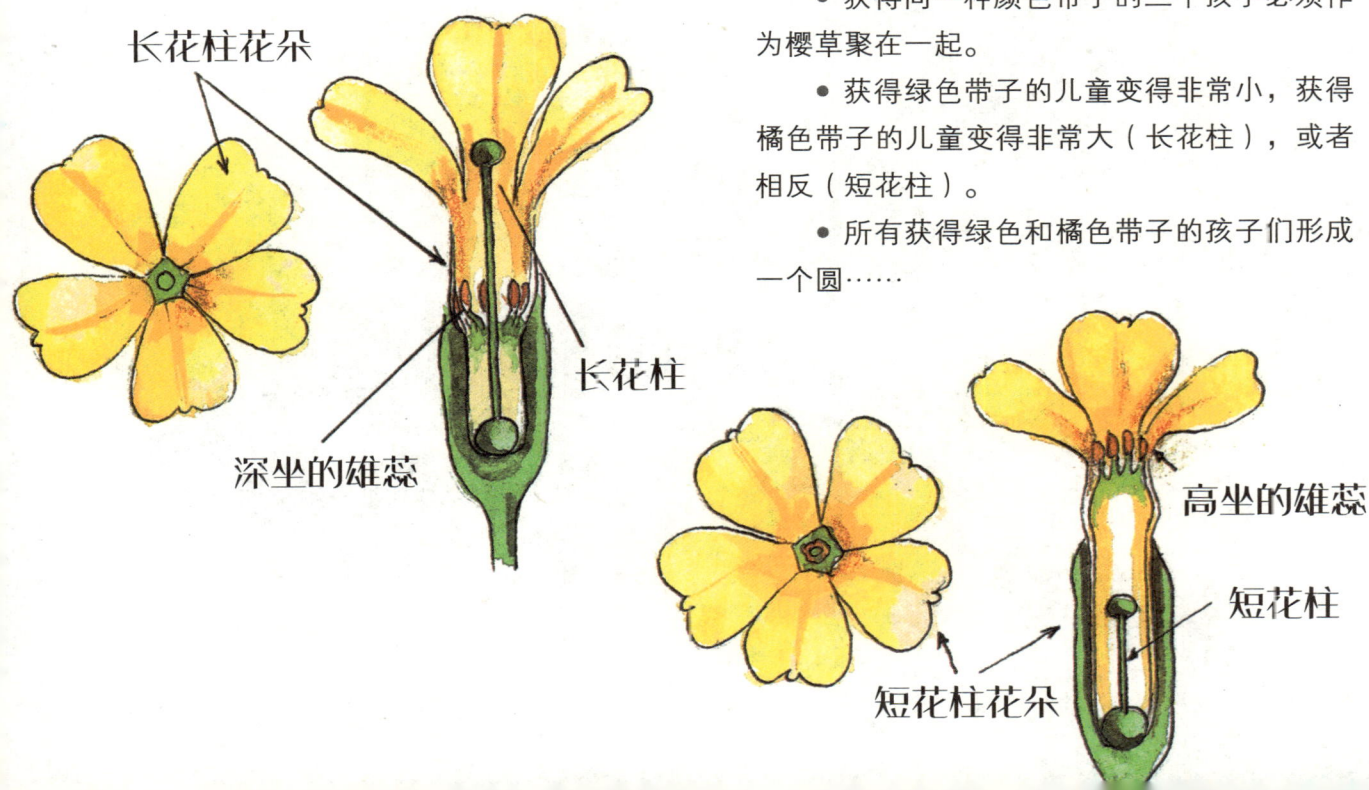

长花柱花朵

长花柱

深坐的雄蕊

高坐的雄蕊

短花柱

短花柱花朵

为何樱草再也打不开宝藏 （民间传说）

世界上还有仙女的时候，樱草拥有神奇的魔力。
谁在恰当的时间采摘樱草，樱草就能给他带来好运。

从前，有一位牧羊人在早春时节驱赶着他的羊群来到牧场。羊群开始吃草时，他瞅见附近的岩石上有一丛盛开的樱草。他摘下一朵最大最漂亮的花，插到帽子旁。

过了一会儿，帽子变得异常沉重，好像生了根。牧羊人想要摘下帽子，然而却从帽子后边拿出一把纯金的钥匙。

他把钥匙攥在手中，瞬间，似乎有阵风刮来一位美貌无比的仙女。

"别害怕。"她说道，"这把钥匙将给你带来好运。请把它放在岩石上。石头打开，你会看到世上所有的宝藏。你想拿什么尽管拿，但是得当心，别忘记最好的！"

牧羊人不知道他是在做梦还是醒着。他走到岩石旁，把钥匙放在上面，一座地下的洞窟打开，金银珠宝发出耀眼的光芒，让他十分惊羡。

他快速地摊开外套，从中包了一些他拿得动的财宝，然后他把这包东西扛在肩膀上，离开洞窟。但是最重要的东西，也就是这把金钥匙，他放了回去。

从此以后，樱草再也无法打开地下的宝藏。

而且那天的仙女也不见了踪影。

动动手

仙女草地

小女孩特别喜爱仙女的世界。在这个活动中，允许她们生活在仙女世界，发挥想象力。

年龄： 5岁以上

材料： 樱草、苔藓、蕨类植物、闪光的石子与珍珠、丝网眼纱或者丝绸、禽鸟绒毛、彩笔或者水彩、荧光笔、卡纸、植物压制机（或厚书和报纸）。

小朋友们把樱草和其他容易压制的植物（多肉的植物不适合）放进植物压制机或者一摞厚厚的图书下的报纸里面。

然后把压扁的植物贴在卡纸上的一处仙女草地上，从樱草花朵中飘浮出孩子画的或者制作的小仙女。用羽毛制作仙女的翅膀，用丝网眼纱制作裙子、荧光笔画出闪光的发卷，仙女手上拿着金钥匙或者闪光的石子。

樱草中的仙女

远古时代樱草就与仙女和女精灵王国建立了联系。按照古老的民间信仰，童话生物居住在樱草的花朵之中，在那里寻求雷雨下的庇护。仙女们拥有金钥匙，可以打开藏满金银财宝的地下洞窟，她们同时也打开了通往幸福与财富之路。

财富与健康

樱草花朵带点蜂蜜味道。

过去人们把它晾干，用作烘制糕饼、奶汤和沙拉的佐料。它自然含有较高的糖分。花朵的煎剂可以发酵为药用樱草酒。

樱草茶与缬草混合是一种非常棒的安眠药。咳嗽时樱草根部具有化痰的作用。

纯正的樱草近来通过顺势疗法在治疗头痛方面发挥了很大作用。在保加利亚，职业的樱草采摘者采摘1千克花朵必须弯腰3000次，然而相应的报酬却非常低。

尝一尝

可以食用的樱草

注意！ 要保护"真正的樱草"！
只允许大量采摘"高樱草"（浅黄色花朵）。

甜蜜的装饰

樱草花朵是面包或者蛋糕漂亮的装饰。在沙拉和汤上也可以撒一些，而且味道相当棒。

樱草茶

花朵晾干，用大约150毫升水冲一茶匙花朵。

用热水冲在花朵上。大约10分钟后过滤，完成！

花园种植小贴士

- 樱草很容易挖出来，移栽到另一个地方。
- 除了浅黄色高樱草外，还有处在自然保护之中的蛋黄色真樱草，它既不允许采摘，也不许挖出。
- 樱草最希望在草地上生长，但刚刚割过的草坪不适合。
- 樱草是耐久的花瓶植物，它可以长久保持与散发香味。干枯的花朵允许一再拔掉，也可快速摘下一丛花，因为它与任何植物都可以构成一大丛鲜花。
- 乌鸦大口吃樱草花朵，它们吸干甜甜的花蜜，同时啄下花朵。悲哀的结果是无花的樱草茎和洒落一地的花朵。
- 不同颜色的报春花在春天可以买到，与樱草具有极为亲近的关系，它们是无茎的樱草的栽培形式，在花园里也可种植，每年开花。

种一种

在樱草花园安插稻草人

按照樱草高度在这里制作非常特别的稻草人。贪婪的乌鸦能够被伪装成猫咪的稻草人吓跑吗？

年龄： 5 岁起

材料： 樱草植物、小铲子、扫把（木头柄）、布料、自然材料（树枝、苔藓……）。

孩子们分成小组在挑选的不同地点种植樱草，按圆形布置。

中间插上自制的扫把，孩子们可以给它们穿上仙女、猫咪或者其他想象形象的服装。刷毛是头发，木头要涂上颜色，补充布料或者天然材料（胳膊、翅膀、胡须等）。

现在让他们观察稻草人能否吓退饥饿的乌鸦。

肺 草
汉瑟与格雷特

　　小朋友们喜欢肺草。这种植物同时有两种花色：红色花朵献给格雷特，蓝色送给汉瑟。他们自然要问："为什么会是这样呢？"一种植物只产生一种花色也许更简单。小朋友们可以在本章追寻花的足迹！

通缉令

花朵：伞形花序里的钟形花朵具有不同的颜色。

叶：叶大型，有叶柄。叶面含白色斑点并长有粗糙的绒毛。

茎：茎不分支，茎生叶。

有何特殊之处？

- 嫩茎叶可以食用。
- 花朵的色彩不同。
- 种子由蚂蚁传播。

何时可以找到？

从三月中旬到四月底。

一月	二月	三月	四月	五月	六月

何处可以找到？

阔叶林，森林边。

关怀备至的细胞汁魔术

肺草花朵，通过花色变化，替正在授粉的黄蜂与蜜蜂节省了多余的路途寻找时间。开始花冠呈红色，完全盛开后变成蓝色，然后它们才会被授粉者觉察。

肺草通过改变细胞汁内的酸含量，使花朵颜色发生变化。花朵色素的变化独自缓慢进行，从粉红色到深蓝色几乎所有的过渡都能够同时在一个总状花序中找到。

这就是为什么肺草又叫"汉瑟与格雷特"。蓝色的花朵献给汉瑟，红色的花朵献给格雷特。

看一看 & 玩游戏

汉瑟与格雷特

年龄: 3岁以上
材料: 一捆肺草。

孩子们在春天散步。在一条确定的路段上允许一个孩子每次从一捆肺草上拔下花朵，在身后"丢失"，就像过去汉瑟扔小石子那样。

然后，在回去的路上，所有的人都去寻找花朵。

大家能找到这条路吗？

提示: 下面的歌恰好相配。

唱一唱

汉瑟与格雷特

词：尤尔根·盖塞尔布莱希特

1. 红色格雷特，非常喜欢蓝色，
   她还得等待，我们心里明白。
   三月一定会过去，然后四月紧紧跟随；
   现在蓝色汉瑟来了，现在她拥有想要的。
2. 蓝色汉瑟，非常喜欢红色，
   他无需等待，我们心里明白。
   蜜蜂勤劳飞来，取走花粉。
   瞧，来年下一代在树叶中生长。

颜色变化

颜色变化现场观察!

年龄: 4 岁以上

材料: 含苞待放的肺草、带泥土的花盆。

小朋友们挖出一株含苞待放的肺草,栽入放置泥土的花盆里。最好把花盆放在户外以供观察,每天都要查看:多少朵花盛开,呈现何种颜色。

如果第一批蜜蜂飞来,小朋友们需要观察它们在拜访肺草时的行为。哪些花朵被采蜜?花真的只有蓝色吗?

变化方案

为了使颜色变化更清晰,年纪较大的孩子可以写日记,例如:

第一天,花苞中的所有花朵;

第二天,1 朵粉红色花朵,其他的花苞;

第三天,3 朵粉红色花朵,2 朵淡紫色的花朵,1 朵蓝色的花朵,蜜蜂第一次造访。

颜色实验

小朋友们观察花朵颜色的变化——但是这次色彩变化发生在周围!

年龄: 5 岁以上

材料: 蚁丘或者蚁穴。

蓝色花朵在酸的环境中会变成粉红色。

小朋友们探寻一座蚁丘,把肺草放在上面。蚂蚁通过喷出蚂蚁酸液击退"外来物",它们从后腹部喷射出这种刺激的液体。蓝色的花朵被喷到的地方,出现了粉红色的斑点,花的色素也会对这种酸环境做出反应。

提示: 这种酸环境对其他的兰花,如勿忘我或者风铃草也会发生作用。

粉红色——蓝色

一次非常好的准备活动。

年龄： 5 岁以上

材料： 蓝色和粉红色布料。

从游戏小组中选出一名男孩扮演蜜蜂（获得一片蓝色布料）和一名女孩扮演采花者（获得一片红色布料）。蜜蜂只关注蓝色的肺草，因此也只捕捉这些。

采花女喜欢采摘粉红色花朵，因为这些花开得更久。她只许捕捉粉红色花朵。

其他所有孩子都扮演肺草，他们的颜色可以因姿势的变化而改变：站立——蓝色，坐着——粉红色。

颜色变化对"肺草"非常重要，因为只有这样他们才能摆脱被逮住的厄运。

"肺草"们分散地坐着或站在房间里（不允许移动位置），通过姿势的改变而不被逮住。

两位捕捉者允许自由地在房间里活动，力图逮住真正染了颜色的肺草。他们俩不可以同时前往同一株肺草。被逮住的肺草出局，获胜者是最后的剩下者。

春天小叶与夏季之舌

肺草在开花之后才变成夏天的大叶，这些宽大的、有白色斑点的舌形叶将会保留到来年。肺草在开花前只会长出小的茎叶，更加柔软。

这些肺草嫩叶非常可口，它们最适合做混合沙拉。过去肺草被用在肺结核病的治疗上，第二次世界大战之后这些叶子甚至被加工成烟草的替代品。

肺草茶通过硅酸和黏液的作用起到抑制咳嗽和炎症的作用。

"汉瑟和格雷特"茶

有助于治疗咳嗽。

材料： 肺草叶、肺草花朵、报纸、可封口玻璃杯与茶罐。

在开花之前和花期收集叶片与花朵，放在明亮地方的报纸上（但是不要在太阳下直射）晾干。如果它们轻微破碎，那么就真正二了，可以放入玻璃杯和茶罐里保存。

准备： 在茶杯内放入一茶匙肺草，浇上热水，盖上5分钟。

肺草叶的乐趣

晚春时节长出的肺草叶非常像小朋友们的舌头。

年龄： 3岁以上

材料： 肺草叶、照相机。

肺草叶虽然带刺，但是可以粘在皮肤上。（弄湿或者用蒲公英汁液可以使粘的时间更长些。）

可以用肺草叶美化脸蛋（用肺草做成下垂耳朵，海盗眼睛和心形足迹，兽角……），耳环可以用蒲公英汁液固定。

在盛大演出时选择最漂亮、最有趣、最可怕或者最原始的装饰，授予奖金，拍照……最后拍摄集体照。

肺草盛大演出

花园种植小贴士

- 肺草容易挖掘，可以再次轻易地移栽到自己家花园里。
- 它最喜欢生长在阔叶树木和树篱的半阴影下、不太干燥的土地上。
- 通过根茎分叉，肺草植物得以繁殖。
- 苗圃提供各种花色品种的肺草：如带珊瑚红的花朵、大白花、带银色斑点的叶子……
- 肺草是蜜蜂的牧场。它们提供丰富的花粉源。

动动手 & 种一种

种玩偶

年龄： 6 岁以上
材料： 肺草、木头、线锯、纸板、剪刀、颜料、圆木。

把肺草种植在花园的合适位置。这些园艺可以通过附加的制作活动得以拓展。例如将两个单独制作的棍状玩偶（对于岁数较大的孩子来说可以用线锯工作，对于岁数较小的孩子用纸板），插入苗床，一个是蓝色汉瑟，一个是红色格雷特。

另外可能是一个紫色混合体，也就是从格雷特到汉瑟的过渡！

银莲花
温柔的春天使者

    倘若有人评选最敏感的花朵，陰含羞草之外就属银莲花了。银莲花难以置信的柔嫩与细密，酷似仙女。这位漂亮的春天使者，大多数亭亭玉立在森林边缘，形成花毯。这种温柔你可以通过雕塑的、身体的或者园艺的活动体验到。

通缉令

花朵：星形、白色、易皱，大多为 5～6 片花瓣，雄蕊多数。

叶：多倍分叉。

茎：纤薄、柔嫩，在地下蔓生的茎，有利于繁殖。

有何特殊之处?

- 轻微的毒素。
- 形成了花毯，遇到风、雨、黑暗，花朵闭合，呈钟形下垂。
- 蚂蚁传播种子。
- 许多动物的重要养料来源。

何处可以找到?

透光森林、灌木丛和草地。

何时可以找到?

三月中旬到四月底。

一月	二月	三月	四月	五月	六月

随风而逝

银莲花的花瓣容易被风吹起，采下来后不易存放，拿回家很快便会枯萎。银莲花是非常敏感的植物，不久就会耷拉下来。下雨或者夜晚花朵迅速闭合，花萼倾斜，这样可以保护花粉抵挡寒冷与潮湿。

玩游戏 & 动一动

风的故事

年龄： 5岁以上

小朋友们坐成一圈。游戏组长编一个故事，其中尽量出现词汇灌木（Busch）、风（Wind）和玫瑰（Rose）。

如果说出其中一个词，那么小朋友们必须马上滚落到一起！

这些词汇越无规律和隐蔽地出现，游戏越紧张刺激。说到玫瑰（Rose）马上行动，而说到罗丝（Rosi）或者裤子（Hose）则不需要行动。

玫瑰色银莲花 —— 混乱的故事

一切都从可怕的风（Wind）开始。森林里的树木来回摇摆，树丛失去了叶子，玫瑰花丛（Rosen）失去了花朵。小姑娘罗丝（Rosi）尽快地往家里跑，因为她家比较远。罗丝经过一棵苹果树、一丛灌木（Busch），再走过一丛灌木（Busch）、一朵玫瑰花（Rose）。在有点远的地方，一条裤子（Hose）狂野地随风（Wind）在一处灌木（Busch）上跳舞，摇来摇去，看上去似乎充满了生机。

然后风（Wind）变成了风暴，树木弯下树冠几乎触到了地面。苹果树的苹果纷纷坠落，灌木（Busch）折断了枝权，玫瑰（Rose）把带刺的玫瑰花枝吹进了罗丝的裤子，她正在路上奔跑。唉！裤子从上往下撕裂了！罗丝没有裤子无法穿过灌木（Busch）和玫瑰花丛（Rosen）。

罗丝突然看见眼前一条正在风（Wind）中跳舞的玫瑰色裤子。她跑向灌木（Busch）使尽浑身力气爬上去，把裤子从灌木丛（Busch）中取下来，立刻穿上。罗丝穿上玫瑰色的裤子，连同玫瑰色脸蛋看上去真像一朵真正的玫瑰（Rose）。她拿起了被撕碎的裤子。现在只差几米就能回到家里。到了家，她哭哭啼啼地向妈妈讲述了强风（Wind）、带刺的玫瑰(Rose)、那条被撕碎的裤子和玫瑰色裤子。

次日，罗丝再一次去了灌木（Busch）丛生的地方。她折下若干玫瑰(Rose)枝权，与她妈妈共同制作了一件艺术品，取名为"罗丝的裤子和玫瑰（Rose）"。但是被撕碎的裤子还不错。玫瑰色的裤子无人拥有。罗丝与它们相配好像浑然一体。

这情形，好像是玫瑰（Rose）和风（Wind）为表歉意在灌木（Busch）中放好了一条备用的裤子。

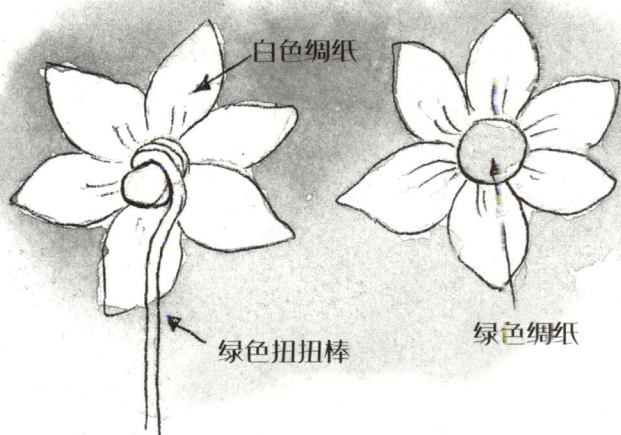

白色绸纸

绿色扭扭棒

绿色绸纸

背面　　　　　　　　　正面

动动手

绸纸制作的银莲花

年龄：4 岁以上
材料：白色和黄色绸纸、绿色扭扭棒、插入式海绵、苔藓。

银莲花柔嫩、细密，也叫作春天银莲花，可用绸纸模仿。

用白色和黄色绸纸做成银莲花，用扭扭棒缠绕，作为茎。

茎插进插入式海绵，用苔藓遮盖。

花 毯

银莲花喜欢在阔叶树、树篱和草场下面生长。

从一支银莲花中很快会长出大量的花朵。因为根状茎是地下延伸的茎，可以水平爬行，可以延长和长出分叉，从中开出很多的花，形成花毯。

动一动 & 玩游戏

线团编结

通过编织茎，模仿银莲花的扩展（这里可用毛线编结）。
年龄：4 岁以上
材料：1 团厚厚的毛线。

一名儿童作为第一朵银莲花，拥有一个厚厚的毛线团。其他的孩子在房间任意奔跑。拿毛线团的孩子喊出另一个孩子的名字，把线团抛给他，抓住线团者手持线团。

被喊住的孩子扮演银莲花站住，喊着，把线团扔给第三个孩子。

线团慢慢地编结成一片银莲花。

根茎

花园种植小贴士

- 自然界存在白银莲花和黄银莲花，两种植物都可以轻易地挖掘出来，并移植到别处。银莲花植物苗圃中也有售。
- 由于其有根状茎，银莲花非常容易迅速繁殖。
- 银莲花是许多动物的重要营养来源。例如，长角蛾子幼虫依靠银莲花获取养料。
- 银莲花对人来说有微毒。

种一种

动物墓地的植物

在中世纪时，墓地常常种植银莲花，也许是因为它们显得脆弱，因此就演变成为象征符号。

当有小动物死去时，可以把它们用盒子装起来埋好，并用银莲花装饰它们的坟墓。容易凋谢的银莲花很适合作为坟墓的装饰。

年龄： 4 岁以上
材料： 铁锹、漂亮的石子、银莲花植物。

小朋友们常常找到死去的动物，例如从鸟巢跌落下来的雏鸟、干死的蚯蚓或者垂死的蝴蝶。

对他们来说花园一角可用来埋葬死去的动物。坟墓用漂亮的石子做标志，种上银莲花。过一段时间，这里便形成了一片动物墓地，长满了银莲花花毯。

紫罗兰
大众最喜爱的花朵

　　紫罗兰妇孺皆知，属于最受大众次迎的植物，每个人都喜爱紫罗兰神秘的颜色及细密的芳香。紫罗兰是莫扎特、歌德、约瑟芬皇后以及许多其他名人最喜爱的花朵，人们用诗歌、歌曲或者绘画等方式无数次地表达对紫罗兰的敬意。

　　小朋友们喜欢好闻的紫罗兰，春天降临时，用全部的感官无比美妙地与它们欢庆吧！

通缉令

花朵: 紫罗兰蓝，带花距。

叶: 心形。

有何特殊之处?

- 可以食用。
- 形成葡萄枝蔓。
- 有香味。
- 蚂蚁传播种子。
- 蜜蜂和蝴蝶的花蜜来源。
- 绿色不显眼的太阳花。

果实: 三瓣荚果。

何处可以找到?

阔叶林、树林边缘、灌木丛、公园。

何时可以找到?

三月初到四月底。

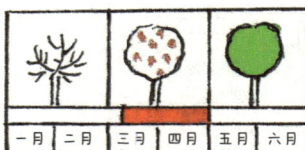

一月	二月	三月	四月	五月	六月

紫罗兰环绕的地球

全球几乎所有地方都生长紫罗兰：从西伯利亚的冻原到热带雨林。有 500 多个品种的紫罗兰把地球"环绕"起来。仅仅在中欧就有 30 多个不同品种的紫罗兰，颜色也各不相同。

味道好闻的紫罗兰本来就来自地中海地区和西亚，很久以前就非常招人喜爱，被种在花园里作为装饰植物。从那里出发，然后在河谷低地森林和灌木丛中野化，留下来本地化。

种一种

像歌德那样播撒种子

德国大文豪约翰·沃尔夫冈·冯·歌德（1749—1832）非常喜爱紫罗兰。他自己带上紫罗兰种子，播撒到古城魏玛各个地方和周边。他想在春天散步的途中随处看到最喜爱的花朵。小朋友们可以模仿他哦！

年龄： 3 岁以上

材料： 紫罗兰种子。

从结荚紫罗兰处收集种子，像歌德那样在散步途中播撒。

但是请注意！紫罗兰不喜爱潮湿的地方和针叶林。

来年春天种子才会发芽。

提示：紫罗兰是所谓的冷萌发植物，就是说，种子在经过成熟之后需要发芽休整（这相当于经过夏、秋两季），在温度为 1~10℃时保存（相当于冬季）。然后种子才具有发芽能力，在第一个温暖时期（相当于春季）开始后才能发芽。

鸟巢

紫罗兰有多年生根状茎，总是能一再地长出枝条，与上年的旧茎和叶子形成了一个蓬乱的巢。早春时节，紫罗兰花像蓝色的小鸟从巢中探出脑袋。出于安全原因，最初这些花蒂只是短暂地露出一点点。这给予紫罗兰谦逊的特征。约翰·沃尔夫冈·冯·歌德为紫罗兰写过如下文字："我隐藏，低头站立，不喜欢说话。"

等天气暖和起来，花蒂才往高处生长。

唱一唱

紫罗兰，紫罗兰

词和曲：L. 盖塞尔布莱希特和 J. 盖塞尔布莱希特

1. Veil - chen, Veil - chen war - te noch ein Weil - chen,

noch ist's dir zu kalt. Der Früh - ling kommt schon bald!

1. 紫罗兰，紫罗兰，
还要等些时间。
你还感觉太冷，
春天马上就来临。

2. 紫罗兰，紫罗兰，
还要等些时间。
你屈身躲入巢穴，
好好保护自己。

3. 紫罗兰，紫罗兰，
需要等些时间。
花朵不要打开，
它们需要安静。

4. 紫罗兰，紫罗兰，
片刻已经过去。
瞧，布谷鸟呼喊，
你的芬芳降临！

蚂蚁的投掷物

随着时间的推移，从每朵紫罗兰花朵中长出一个三瓣小豆荚，在成熟之后爆裂。因此豆荚皮在晾干时会从边缘卷起。平滑的颗粒将被弹掉，类似于樱桃核，在手指之间突然蹦起。通过抛物动作，种子从植物离开。这很重要，因为它们没有地方生长了。此外种子因为带有甜味的垂饰还会被蚂蚁搬动，两者都获利：蚂蚁获得可口的食物，紫罗兰得以继续传播它的种子。

试一试 & 看一看

荚果爆裂

年龄： 4 岁以上
材料： 成熟的紫罗兰种子壳（自六月起）。

从六月开始收集成熟的种子荚果（带梗），它们非常容易寻找，因为几乎都躺在地面上，躲在紫罗兰叶下。荚果连梗插入小小的支架上，例如插在食盐罐的小孔中，然后放在一个干燥、明亮的地方反复观察。大约一天之后，荚果会爆裂，它们的种子或多或少地会远远地离开。也许小朋友们恰好能够成功地捕捉到这一时刻。

试一试 & 看一看

蚂蚁的检验

自然界的奇迹在这类活动中可以了解到。
年龄： 4 岁以上
材料： 蚁丘、蚁路、蚁巢、新鲜剔出的（晾干的，没有太大诱惑的）成熟种子（从六月起）。

收集紫罗兰荚果（参见"荚果爆裂"），砸开它们，从中冒出来大量带白色垂饰的黄颜色种子，用手指甲去掉其中一半种子的垂饰。把所有的种子（带垂饰和不带垂饰的）撒在蚁路上或者蚂蚁巢上，做以下的观察：

● 带垂饰的种子很快会被蚂蚁抬起，拖走。

● 不带垂饰的种子未被发现，保留了甜蜜的诱惑。

● 一只蚂蚁只能拖走一粒紫罗兰种子，尽管它们两个头似乎差不多。

● 围绕种子的争斗与扭打并不少见。一只蚂蚁朝一个方向硬拖，另一只蚂蚁朝反方向使劲。

● 蚂蚁抓住种子的垂饰，就可以非常轻松地把种子往前推。

提示： 与雪花莲和獐耳细辛类似，成熟的新种子也一道发挥作用。

紫罗兰蓝色

好闻的紫罗兰花瓣既非蓝色，也非紫色或者紫丁香色。它是纯粹的紫罗兰色——一种美妙的颜色！

在中世纪人们便使用紫罗兰色素给食物染色。用紫罗兰花朵可以给醋、食用油、果汁和冰淇淋着色。

看一看&尝一尝

紫罗兰——色彩游戏

如果给好闻的紫罗兰浇上开水，它的颜色马上就渗入水中，紫罗兰的蓝色花朵就会变成白色。花朵愈多，水的颜色愈浓，颜色从绿过渡到蓝。然而颜色容易挥发，经过一周之后会愈来愈淡，果汁和冰淇淋应该快速地吃掉！

紫罗兰浓缩汁

配料： 一捧紫罗兰花朵、250 克糖浆、柠檬汁。

摘一捧紫罗兰花朵，清洗和晒干。放入不锈钢锅之中，浇上 1/4 的开水，盖好，放置两天。

之后水就染上了紫罗兰颜色、芳香和味道。

给紫罗兰水加入 250 克糖浆和柠檬汁，把所有紫罗兰水都放入一个不锈钢锅慢慢地加热，在搅拌之中一次煮开。

倒入小瓶子中冷却，在深色容器中，紫罗兰颜色可以保持更久，口感仍然保留。浓缩汁可以保存数个月，用水稀释（6：1）。作为果汁和冰淇淋口感更佳（看下文）。

紫罗兰冰激凌

配料: 200 克糖、8 个蛋黄、1/2 升奶油、1/8 升紫罗兰汁（水与紫罗兰浓缩汁的比例为1：6）。

200 克糖加 8 个蛋黄打出泡沫。慢慢地添加 1/2 升的奶油和 1/8 升的紫罗兰汁。

这些全部用较低的湿度加热，在水蒸锅内打成奶油浓稠的甜食，从炉灶上取下，尽量长久地搅拌，直到冷却。

成块地注入冰激凌机器或者冷柜模具中。

画一画

调制紫罗兰蓝色

年龄: 3 岁以上
材料: 水彩、紫罗兰图样。

用真正漂亮的紫罗兰蓝色画出紫罗兰图案。为此必须把许多蓝色、紫色色素混在一起。

但是，把不同蓝色、紫色色素混合成紫罗兰蓝色并不容易。

这里只是告知可以实验！

历史上的紫罗兰故事

古希腊人非常喜爱紫罗兰，因此把它献给春天女神，请求作为花冠植物，在雅典周边种植。为了不喝醉，希腊人把紫罗兰添入他们酿造的葡萄酒，用产生的香味来解酒。罗马人把紫罗兰称作 viola。在罗马神话中，紫罗兰还挽救了一次婚礼：维纳斯——爱的女神不想嫁给火和金属之神——可恶的武尔坎努斯（Vulkan）。当他把紫罗兰花冠戴在头顶上时，她才闭上眼睛，接受他作为丈夫。

中世纪紫罗兰成为了玛丽亚之花。僧侣们把它叫作 Veiel 或者 Veil，由于它招人喜爱才变小了，成为紫罗兰（紫罗兰德语为 Veilchen，在 Veil 加后缀 -chen，表示变小的 Veil）。甚至紫罗兰节也得到庆祝。

后来，在古典时代和浪漫主义时代，紫罗兰更加受到人们的喜爱。它成为谦逊的代表，被人们写入文艺作品，传唱与临摹。

奥地利作曲家沃尔夫冈·阿玛多伊斯·莫扎特（1756—1791）谱写过一首歌曲，德国画家阿尔布莱希特·丢勒（1471—1528）画过一幅水彩画《紫罗兰花束》，约翰·沃尔夫冈·冯·歌德写过一首诗《紫罗兰》。

紫罗兰香味

过去用紫罗兰的香味治疗头痛、失眠和悲伤。用紫罗兰花朵可以制作紫罗兰花油。它属于最昂贵的芬芳油脂。为了获取 1 克油，需要 3 千克花朵。在有些非常昂贵的香水中含有紫罗兰油。

闻一闻

紫罗兰油

小朋友们可以自己合成香水。纯正的紫罗兰油虽然用简易的方法无法提取，但是可以简单地"延长"。

材料： 1/4 升荷荷巴油、一捧紫罗兰花、螺旋口瓶、漂亮的小香水瓶。

清洗紫罗兰花，轻轻地擦干。

将荷荷巴油和紫罗兰花放入一只干净的大螺旋口瓶，搅拌。盖上放置几天，直到油吸收了蓝色和细嫩的紫罗兰芳香。

撇去紫罗兰花，把荷荷巴油注入漂亮的小香水瓶——可以作为母亲节的礼物！

提示： 紫罗兰花（之后会变白）也可以留在容器中，但是必须始终用 1 厘米的油层覆盖。

可口的花朵

好闻的紫罗兰花可以生吃，也特别适合装饰。古希腊人和罗马人喜爱制成蜜饯的紫罗兰花。在好的甜品店要买到它需要花大价钱，紫罗兰花蜜饯可以简单地自制。

与叶子一道制成紫罗兰茶，有助于防止咳嗽。

尝一尝

可口的紫罗兰

制成蜜饯的紫罗兰花

制成蜜饯的紫罗兰花可当糖果吸吮或者装饰蛋糕和饼干。

配料： 紫罗兰花、100 克阿拉伯胶粉末（购自药店）、100 克细糖。

提示： 可以给蛋白加些水用来替代阿拉伯胶。但是这些花朵只能保持 1~2 周。

紫罗兰花朵洗净，小心翼翼地擦拭干。

若干阿拉伯胶粉末加点水搅拌。用一把烘烤刷把这些混合物薄薄地涂抹在花朵内外层，撒上糖。多余的糖小心地抖搂下来。

只要黏附的糖湿透了，就再涂抹一遍。

糖花放在一个烤架上长久地晾干，直到它们摸上去非常坚硬。

紫罗兰糖

可作为特别精美的餐后甜点或者甜食礼物！

配料： 60 克紫罗兰花朵、200 克烘焙糖（精美的晶体糖）。

紫罗兰花朵和烘焙糖直接放入储藏玻璃杯中，密封好，在一个温暖的地方放置 6 周。筛出紫罗兰糖，倒入一个漂亮的容器中。

紫罗兰果酱

配料： 250 克紫罗兰叶和花朵（1：1）、750 克糖、250 克苹果酱。

紫罗兰叶和花朵洗净、擦干，细细地切好，把糖加热，填入叶－花朵混合物。过些时间后添加苹果酱，所有都一次性加热。

果酱达到温热倒入玻璃杯中。

紫罗兰节日的传说（来自一个维也纳的传说）

在巴本贝格公爵时代有一项宫廷社交活动：跳舞与庆典。特别是庆祝紫罗兰节，庆祝经过漫长的冬季之后宣告春天的降临。发现第一朵紫罗兰的人，用他的帽子遮挡，向公爵报告他的发现。他将与全部朝臣和众多民众载歌载舞欢庆这一事件。

耐特哈特·冯·罗伊恩塔成为首位幸运的紫罗兰发现者。他满心欢喜地用他的帽子遮住紫罗兰，上路去见公爵。

但是耐特哈特常常嘲笑的两位农民后生，躲在草丛里看到了这一切。现在他们终于找到了报仇机会。他们拿开帽子，摘下散发着香味的紫罗兰，放在臭气熏天的牛粪旁，再用耐特哈特的帽子盖上。

公爵这时正在兴高采烈地与他的全体随从赶往发现地点的途中。骑士耐特哈特走在前面，命令小队人马把这个地方团团围住，唱着自己谱写的欢快歌曲。公爵发表了愉快的致辞，儿童们大吵大闹。之后耐特哈特走到公爵前面，请他拿开帽子，采摘紫罗兰。

公爵弯下腰，刚举起帽子，就脸露惊恐状，马上跌跌撞撞地返回来。他面容失色，帽子也从手中跌落，一脸怒气地看着耐特哈特。骑士也像公爵那样六神无主地呆站着，连一句道歉和解释的话都说不出来。

当暴怒的公爵和他的随从离开广场时，农民们开始为这场恶作剧以及公爵的惊恐面目开怀大笑。所有人都明白，这是对耐特哈特的报复。

这些人欢笑着前往邻近的一家酒馆，在酒馆正中的一根杆子上绑着这朵失踪的紫罗兰。孩子们欢快地围绕这朵花跳舞，村民们喝着啤酒与葡萄酒兴奋地畅聊成功的恶作剧。

耐特哈特后来得知农民是以他们自己的方式报复他，因为耐特哈特常常惹恼他们。耐特哈特原谅了他们，告诉公爵这是一个意外事件。当耐特哈特说道"我们想原谅与忘记一切，下一个春天必须以传统的方式再次把我们带入一个美好而快乐的紫罗兰节"时，他脸上浮现出一丝轻松的微笑。

动动手

紫罗兰花环

年龄：5 岁以上

材料：淡紫色的彩纸、铅笔、彩笔、剪刀、胶水。

用彩纸剪出一个窄窄的长纸条，按规定距离折叠成锯齿状。

这样锯齿切口两端相同，推荐折叠为一个偶数。

在折叠纸条的最上端画一个漂亮的紫罗兰花朵，剪好（见图）。

重要：不要完全在周围剪裁。花朵必须从多点到边缘，否则翻开时它们有可能分开。

花朵串要小心地翻开，用彩笔画出花的图案，纸条用胶水粘出一只花环。

提示：花朵串可以作为彩带装饰房间或者桌子。

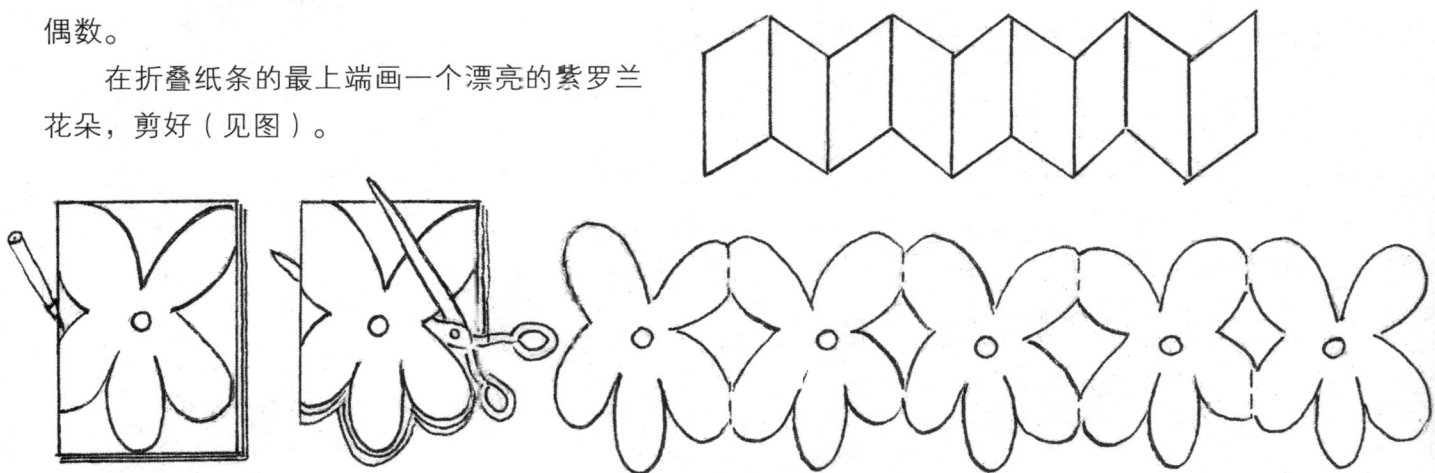

唱一唱

嗨，紫罗兰，亲爱的紫罗兰

嗨，紫罗兰，亲爱的紫罗兰，再次预告，你为何转眼走在所有花前面？
因为，我还那么娇小，因为我不想五月前单独过来，请你经过我身边。

玩游戏

紫罗兰节日

小朋友们欢度紫罗兰节，满心欢喜地庆祝春天的降临！

年龄：3岁以上

材料：每个孩子的便帽与帽子、所有节庆需要的物品。

小朋友们在花园或者公园里散步，寻找第一朵紫罗兰。发现第一朵紫罗兰的小朋友，快速把帽子扔到上面，此后他就成为紫罗兰国王或者紫罗兰王后。

此外还要烹制紫罗兰特色菜，制作紫罗兰花环，绘制紫罗兰图画，种植紫罗兰，讲述紫罗兰传说或者唱紫罗兰歌曲。

花园种植小贴士

● 紫罗兰植物可以轻易地从大自然移栽到花园里，它们最喜欢在阔叶灌木和树木的半阴影下生长。

● 其他的紫罗兰品种，没有香气，但是以最不相同的颜色和数量绽放。苗圃在春季有售。三色堇也是一种紫罗兰，有些三色堇如袖珍三色堇（在兽角紫罗兰和花园三色堇之间的杂交）具有非常小的紫色花朵，外观犹如芳香紫罗兰，但是不要去闻！

● 紫罗兰能吸引许多的昆虫，尤其是蝴蝶。紫罗兰——珠母蝶在紫罗兰花瓣上下蛋。它的蛹把花瓣当作房屋与养料。

● 紫罗兰在夏天再次盛开，然而它非常小，绿色且不显眼。由此紫罗兰拥有一个种子传播的安全靠垫。但是这样蓝色的花会被突如其来的冬天冻住，在寒冷之中无力打开形成种子。然后作为储备还有夏天的花朵，不再开花，而且始终保持在花蕾中，因此可以自己受孕。

● 有些紫罗兰借助嫩枝快速繁殖：它们可以延长其茎，然后如同细线那样拉向地面，催动叶簇。这些叶簇可以从"母系植物"上脱离 形成自己的紫罗兰。这是紫罗兰第三种繁殖手段。

● 紫罗兰可以播种（见"像歌德郏样播撒种子"）。

种一种

紫 罗 兰 轮 舞

紫罗兰节一次漂亮的预演。

年龄： 4 岁以上

材料： 不同的紫罗兰植物、小铲子。

在半阴影下，阔叶树木附近划出一个圆形地沟。种下紫罗兰植物（一种颜色或者从浅色到深色分级），浇透水。

这样便形成一座紫罗兰花床，围绕花床可以在欢庆紫罗兰节时跳舞与游戏。

雏 菊
草坪小花

雏菊是小小的奇迹。在城市中央，常常存在"雏菊的惊喜"。在最破旧的草坪、檐沟或者一座足球场上，雏菊到处存在，它们如此多面，一再让人感到惊讶。它们过去和现在大多受到卑劣的对待。汉斯·克里斯蒂安森·安徒生写下的童话《雏菊》是最好的例子。

这个谦逊的小奇迹可以提供非常多的东西，早在小孩子会爬的年龄就已……

通缉令

花朵： 星花篮包括黄色管状花朵和白色舌状花朵。

叶： 叶基生，匙形，上半部边缘有疏钝齿或波状齿。

茎： 非常稳定，无叶，到花朵为止。

有何特殊之处？

- 可食用：坚果般的口味。
- 形成葡萄枝。
- 在夜间与潮湿的天气，花朵闭合。
- 种子传播：震动播撒小罐。
- 不同的外观。

何时可以找到？

三月初到六月。

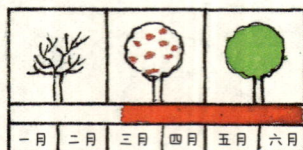

一月 二月	三月 四月	五月 六月

何处可以找到？

草坪、草地、牧场、路边。

花筐

雏菊花朵外观如同一朵花，但实际上是一个众多单一花朵组成的花筐。中部是一个由微小的管状花朵组成的花毯，也可形成种子，由风播撒。

白色舌状花朵位于外缘，容易与真正的花瓣混淆。它们吸引昆虫，可能在背面染上鲜嫩的粉红色或者紫色。过去的童话也出自这里，雏菊有时候会害羞。

花筐的优势在于它的奇特。假如每朵微小的花朵长在自己的植物上，就不会引起任何动物的注意。

动动手

雏菊印章

年龄： 3 岁以上
材料： 雏菊（春白菊）、印台、纸张。

带花头的雏菊花朵在印台上按一下，盖章！花朵螺旋状的排列将非常清晰。

印章图像可以按色彩编排成模型（集合图形、螺旋状……）。

提示： 用春白菊做印章将更大，更漂亮。

舌形花朵

外壳叶

管状花朵

雏菊印刷厂

印台

占卜游戏

雏菊喜欢被人当作未来占卜师——无论对错与否。小朋友们绝对喜欢玩占卜游戏。

年龄：3岁以上

材料：雏菊花朵（或者春白菊）

将雏菊白色舌形花朵按照顺序采摘下来，每次说一个占卜用语。

最后一朵小花根据询问决定爱、职业或者其他。

提示：年龄较小的儿童可以使用春白菊。因为采摘更简单。

爱的占卜

爱我，不爱我，

爱我……

职业占卜

国王、贵族、

农民、乞丐、

鞋匠、裁缝、纺织工、

商人、医生……

雏菊艺术

用雏菊花朵和茎可以制作许多东西。茎具有实用的特征：它非常牢固，容易种植，易弯曲，不会折断。茎最上部里面是空心的，这样茎之间可以很好地互相插入。

年龄：4岁以上

材料：许多与茎相连的雏菊花朵、针。

● **插花图案：**雏菊茎可以很好地插入沙中。可以制作最漂亮的插花图案：螺旋形、太阳形……

● **雏菊花环：**摘下雏菊和茎。在茎中间用手指尖划一个孔。透过此孔可以拉出下一个花杆。这样就形成一个长长的花朵链，最后可以闭合成花环。

● **雏菊环：**采摘一朵与茎相连的漂亮雏菊，用针由上往下把黄色顶端与梗刺透，茎用先前刺透的管子穿孔。在无名指上擦过。

● **雏菊奇迹：**这里允许头晕！

黄色的顶部用针穿透，茎由上往下穿过预先刺好的槽内。如果茎得以完全穿过，外观上

雏菊奇迹

第一种

第二种

看好像是直接从黄色花筐中长出来的。

变化方案: 为此需要一枝结实的长茎雏菊。在上面可以插入一个或者多个雏菊花头。结果是两倍、三倍或者多倍的令人眩晕的奇花。

● **雏菊项链:** 采摘与茎相连的雏菊。像指环那样由上往下钻透黄色花筐,茎推向预先钻透的槽中。茎应尽量不要从花筐上凸出。用同样预先钻好的花朵茎穿过环状物。再次由下往上把指环推入小花筐。这样环形物一个接一个挂住,直到花链足够长。

● **雏菊十字架:** 制作一个雏菊十字架,三朵与茎相连的雏菊就已足够。一朵带茎的雏菊通过一条长长的雏菊开口穿过。然后插入另一朵雏菊的极短的与空心的茎处。

● **雏菊精灵:** 这里额外需要一片心形的叶子(最好是一片结实的叶子,例如取自室内植物:冬青、常春藤),带尖头。用针在预期的位置钻几个用于眼睛、耳朵和嘴巴的孔。两朵雏菊作为眼睛,一朵作为鼻子,一枝茎当作嘴巴插入孔中。在精灵的顶端用一条线固定。不少精灵也可以做成侏儒、彩带或者活动装置。即使是变干了,这个雏菊精灵看上去也还是蛮有趣的。

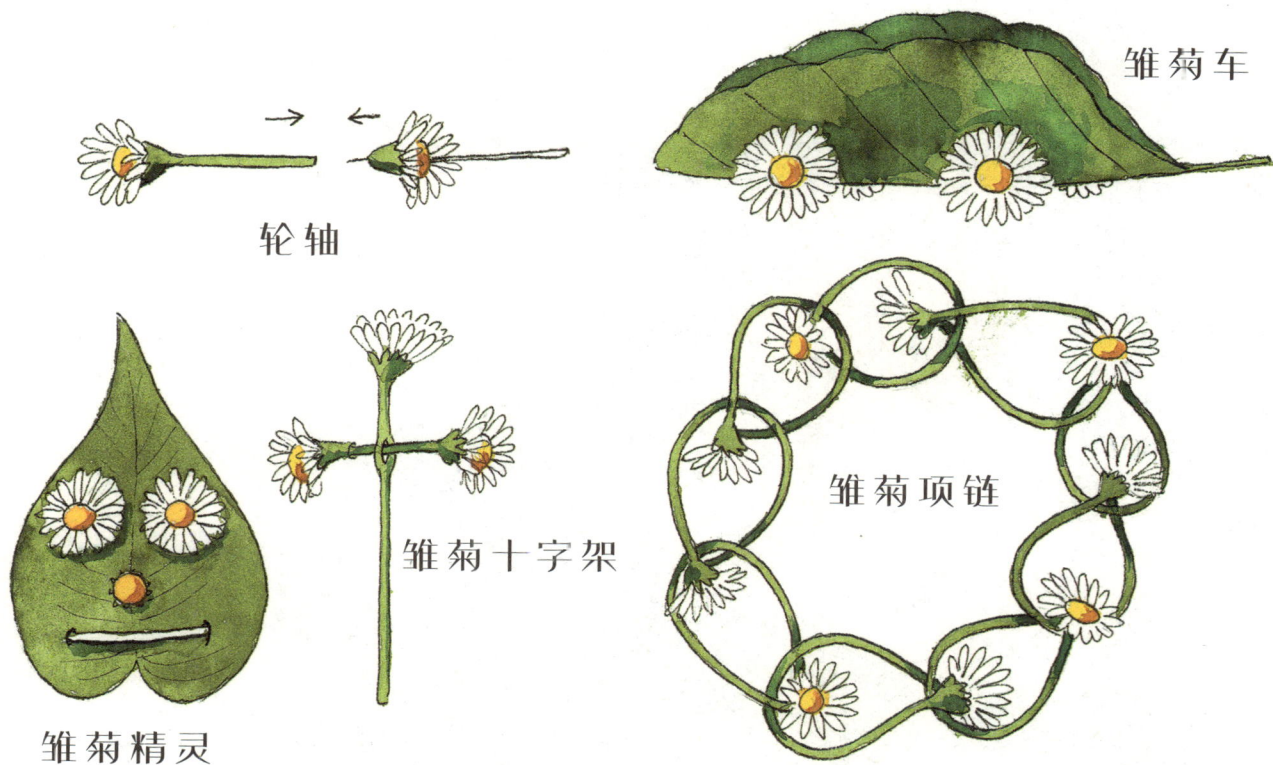

轮轴

雏菊车

雏菊精灵

雏菊十字架

雏菊项链

为什么所有的雏菊都带玫瑰色

从前有一朵小小的雏菊，生长在一块草坪中央。草坪周围开满许多美丽的鲜花：郁金香、芍药、石竹、翠雀和三色堇，所有这些花儿都为它们的美丽而感到自豪。

"我是最美丽的。"一朵火红的郁金香说。

"不，我才是。"另一种花说。

"我们，我们不是纯金做的吗？"黄色郁金香说道。

"我们个头最大！"芍药说道。

"而且我们披着天空的颜色！"翠雀激动起来。

"你们没有闻见我身上的香味吗？"石竹叹息道。

"欣赏一下我们的颜色吧！"三色堇嚷道。

所有的花朵都在争吵，激动地前后摇摆，把它们的茎秆伸向高处，摇动它们的花冠，自我吹嘘。

红色郁金香建议："太阳公公来评判，我们之中谁最美丽。"所有花朵都向天空呼唤："太阳公公，太阳公公，你是我们的国王，说一声，我们之中谁最美丽？"太阳公公探探身子，为了看得更清楚些，然后他微笑地说道："我觉得你们都很美丽。但是那边的雏菊我觉得最美丽，因为它有一颗小小的金心！"

当雏菊听到这些，兴奋得变成了玫瑰色。从此以后，所有的雏菊都带点玫瑰色。

酣睡中的小花

一首童谣唱道"雏菊，它们睡了"。在傍晚，雏菊的花朵睡着了。黄昏时分，白色的舌形花朵好像接到命令似的，朝黄色的管状花朵屈身，花篮直到早晨都是闭合的，朝下弯腰。直到上午它才再度打开——除非下雨！

下雨时也不会有任何耽搁，因为昆虫藏匿起来了。

草坪收割机植物

几百年前，也就是在中世纪，雏菊还是一种稀有植物。当时还没有草坪收割机，因此也没有草坪。在近代随着英国公园的建立，以及1900年左右电动机的突破性发明，也包括割草机的发明，雏菊才成为大众化植物。

鹅、割草机或者足球运动员不能伤害雏菊。这些小小的花朵虽然一再地被吃掉、被割掉顶端或者遭到踩踏，但是叶子依旧平整地作为叶饰躺在地面上，不会被碰到。而且由此会持久地绽放出新花朵。植物长出更多的枝条，形成额外的叶饰和新花朵。

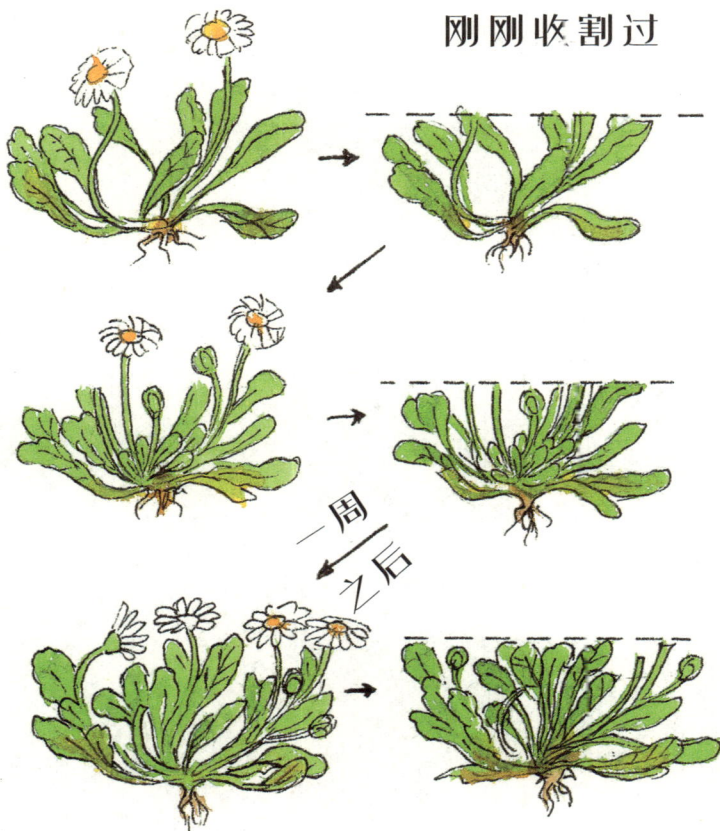

试一试

白天或者黑夜

雏菊从何处知道，白天还是黑夜呢？

答案似乎很简单：因为白天明亮，黑夜昏暗。是否真是这个原因，小朋友们可以轻松地检验一下……

年龄： 5岁以上

材料： 装有土壤的花盆、开花的雏菊植物。

把雏菊挖出来，移栽在花盆里。把花盆放入昏暗的房间，观察花朵。

将会看到：无论明亮或者昏暗，雏菊与花园里其他的雏菊同时开花。它听从内部生物钟的指令，在相对固定的时间闭合花朵。

另外：当时间从夏令时调整到冬令时（或者相反），我们人体也相当精确。尽管按照时间推迟（或者提前）了一小时，但我们还是会在同样的时间点感到饥饿或者疲倦。

刚刚收割过

一周之后

收割机

年龄： 6 岁以上
材料： 带土壤的花盆、雏菊植物、剪刀。

挖出一株正在开花的雏菊植物，栽入花盆之中。用剪刀模仿收割机操作。剪掉整株植物上部的三分之一。记录剪掉顶端（头部）的花朵和叶子数量。

现在继续给植物浇水与观察。会发生何种变化呢？它们会长出新花朵和叶饰吗？花朵会更多么？

提示： 花盆放置在露天处，雏菊不喜欢房间的气候。

雏菊花招

提示"非奥地利人"："花招"是一种充满魅力的、有些荒唐的玩笑！
年龄： 3 岁以上
材料： 雏菊草地。
花招 1： 如果一个小孩同时用一只脚盖住三朵雏菊，春天就会降临。
花招 2： 如果一个孩子能用一只脚盖住七朵雏菊，夏天就会降临。

不要碰雏菊

所有知道长袜子皮皮的小朋友都熟悉这个略微改动的游戏。
年龄： 4 岁以上
地点： 茂密的雏菊草地。

试着从一个地方到另外一个地方（例如从一棵树到另外一棵树），而不踩踏一朵雏菊。

提示： 如果草坪没有长满密密麻麻盛开的雏菊，这种游戏就不会产生真正的乐趣。

万能药

雏菊可以治疗许多小疼痛，例如咳嗽和食欲不振。它们可以清洁血液，增强胃、胆和肝的功能。

雏菊医生

小朋友们自己（也许在一位成人的帮助下）可以用雏菊制作非常简单的药物，扮演医生……

年龄： 4 岁以上

- **雏菊橡皮膏**

一片雏菊叶可以研磨碎，覆在伤口上。对昆虫叮咬可以消肿，而对擦破皮可以镇痛。

- **雏菊糖浆**

由开花的雏菊榨出的汁（最好使用研钵）拌蜂蜜，在咳嗽时用调羹食用，可用于化痰。

- **雏菊万能茶**

用新鲜或者烘干的雏菊叶与花朵泡茶。这种茶有助于缓解春困，减轻咳嗽，减缓肾脏和胆囊的病痛。

- **雏菊沙拉**

把雏菊药草切碎，拌成沙拉。这种沙拉有助于血液新陈代谢，使人感觉神清气爽。

- **雏菊治疗环**

给病人在枕头下面放入雏菊治疗环，能使他们更快地康复。

小雏菊贝拉

爱娃玛丽·塔费尔纳

在一个明亮的春日夜晚，雏菊家族最小的孩子贝拉从苔藓中探出她的小脑袋。她的姐妹们已经离开了保护草地的铺盖，向着太阳光伸展开她们的花苞。

但是贝拉还没有足够的勇气接受阳光。

许多动物警告过她。蚯蚓认为，贝拉会被晒干；蜗牛害怕扛走她的房子；鼹鼠解释，太阳光可能让他们失明；就连蟾蜍也害怕太阳灼热的力量，喜欢雨水。

只有榛睡鼠因为感到饥饿从她冬天的营地里钻出来，咯咯地笑着反驳："你别骗人，太阳带来了温暖和养料。"

昨天贝拉看到了黄翅蝶从树叶中爬出来。他打扫了他的触须，伸展柔嫩的小腿，小心翼翼地打开和闭合翅膀。

"我朝太阳飞翔。"他嘀咕着，"我迫不及待地想见他！"

他展开黄色的翅膀，战栗地飞入空中："只需要点勇气，贝拉。"

这时她聚集起她所有的力气，从茂盛的苔藓里面向外推移。

透过母亲和姐妹们的叶饰她感受到了保护。

她慢慢打开绿色的萼片，展露了粉红色的花苞。但是，当她听到其他花朵的呼唤"瞧啊，太阳来了，多么耀眼，多么壮观"时，她鼓起了勇气，翻开了花冠。她打开了自己的小脸，观察太阳。

"他真漂亮啊！"贝拉结结巴巴地说道。她无法独自充分地吸收阳光的照耀。她方才注意到在周围草坪上许许多多的雏菊家族成员站立在那儿，喜形于色地把他们的面孔转向太阳。

黄翅蝶从她身旁翩翩飞过时问："小小梦想家，你觉得快乐吗？"她朝他快乐地点点头。

但是贝拉对于地面上的生活所知甚少。

第一批蜜蜂在她周围嗡嗡作响，停留期间他们给她挠痒痒。她害怕巨大的黑色雄蜂。

蚂蚁在她周围忙忙碌碌地跑来跑去。蜗牛驮着房子在凉爽的晨雾之中从她背脊上经过。小雏菊尚未有过险恶的经历，新生活只给她带来乐趣。姐妹们围绕着她，土壤通过根茎给她提供粮食，太阳公公温暖了她。但是当临近傍晚，太阳光变得愈来愈弱时，她却感到了悲伤。

　　"早晨太阳又会升起的，贝拉。"母亲安慰道，"你们在夜间为了保护自己必须闭合花朵，孩子们。"

　　贝拉充满着对明日的希望，平稳有序地闭合了她的花朵。

　　这时她听到从高高树上传来的乌鸦的歌唱，这是夜间美妙的歌声。

雏菊厨房

雏菊会爬不会走。孩子们不仅可以毫无危险地拔下这些花朵，而且可以塞入嘴巴，品尝甜蜜的芳香。雏菊几乎每个部分都可食用，只有茎有些硬，根部带韧性。

此外雏菊的花朵看上去也很漂亮。可用来装饰沙拉、汤或者黄油面包。最棒的是许多草坪都是雏菊的种植区域，几乎全年都可以收获。

尝一尝

用雏菊烹调

搜集的点子

- 在一个阳光灿烂的日子收集花朵，因为它们在盛开的状态下更美丽。
- 总是使用新花朵，叶片干瘪之后味道寡淡。
- 收集的地点要远离街道旁或者狗狗的厕所。
- 鲜嫩的浅绿叶片和新鲜花朵味道最佳。

雏菊沙拉

配料： 雏菊花朵与叶片、绿色球形生菜、醋、食用油、盐。

准备绿色的沙拉，切成小块的雏菊叶在其中拌和，用雏菊花朵装饰。

制成蜜饯的雏菊花朵

配料： 雏菊花朵、100 克细糖、100 克阿拉伯树胶粉末（取自药店）。

用一汤匙水轻微搅拌阿拉伯树胶粉末。将花朵各个面仔细地用这些混合物涂抹，撒上糖。
花朵放在一张撒了糖的烘焙纸上。
不时地翻动，直到它干燥。这要持续数天。
看上去雏菊如同处在白霜之中。

带图案的花朵面包

配料： 黑面包、黄油、雏菊花朵。

在一片黑面包上涂抹黄油。带短茎的雏菊花朵，盛在预期的模具（条状、名字、心形、花朵）中，摆在面包上。

沙拉

雏菊花朵面包

阿拉伯树胶粉末

糖

雏菊蜜饯

草坪杂草

所有在草坪上独自繁殖的植物，都被不公正地称作"草坪杂草"。每种这类杂草都有自己的手段，抵达新地方。对于雏菊而言，其潮湿的种子通过鞋跟或者类似的东西传播。因此雏菊总是长在人很多的地方。对于草坪的主人来说，雏菊是最讨厌的折磨。他们需要一块平整的、修短的绿色草坪。由于雏菊通过割草机还可以繁殖，他们便使用有毒的除草剂。但实际上，一块长满雏菊的草坪比草绿色"花园矮地毯"要漂亮得多，而且人们可以与雏菊游戏，它们还可以食用！绿草则不行！

凹槽清理

年龄：4 岁以上
材料：鞋底带粗大凹槽的鞋子、装土的花盆。

小朋友们穿上带粗大凹槽的体操鞋或胶鞋在一块雏菊草坪上散步（最好草地是湿的）。

然后清洁鞋子上的凹槽：用小树枝或者类似的工具把脏东西从鞋底抠出来，把残余物倒入放土的花盆之中，把土壤倒在上面，辛勤地浇水。

1～2 周之后，第一批植物发芽了——其中肯定有雏菊！

花园种植小贴士

- 只要草坪没有背阴和潮湿，雏菊就会在上面生长。
- 草坪上越密地撒下雏菊，越要经常修割，它们在此主要靠枝蔓大批繁殖。
- 雏菊几乎常年开花。只有盛夏和最寒冷的冬季才暂停开花。主要的开花期在四月中旬到五月中旬。
- 春季苗圃供应雏菊的品种很多，有颜色、数量与形式各异的春白菊或者雏菊。
- 雏菊是野生植物，适宜在花盆中生长。结实的一小簇可以用挖叉连同根茎一道挖出。
- 雏菊根据生长地方的不同，外观可能完全不同：在贫瘠的地方它样子瘦小，相反，在草地上它们要长高迎接阳光，在割短的草坪上它们有更多的分叉，同时也非常短。

种一种

雏菊心形

对雏菊表示爱，它们会以更多的爱报答——繁殖！对于花园里没有雏菊或者只拥有少许雏菊的所有人都是如此。

年龄： 4 岁起
材料： 雏菊植物、小铲子。

在花园里选择一小块地方，既要阳光充沛，也不要太潮湿（雏菊不喜欢生长苔藓的地方）。

挖出草坪砖，做成一个心形区块。在上面种上雏菊。第一时间不停地浇水，直到雏菊生根。后续的时间经常修整，这样心形会愈变愈大。

蒲公英
吹送之花

每年四月果树开花与草地染黄的风景都令我们赏心悦目。整年都呈现着单调绿色的草地，忽然在此刻以其变换的色彩让人惊叹不已。在施足了肥的草地上，蒲公英感觉非常幸福。几乎没有一种植物能够像蒲公英般多种多样：首先是闪烁的黄太阳，然后是毛茸茸的球状蒲公英，其降落伞般的种子可以美妙地吹散，最后变成最初的秃头。

通缉令

花朵：含舌形花朵的花筐。

果实：不少于百粒降落伞种子的蒲公英。

叶：叶缘锯齿形，形成花饰，有白色液体。

茎：空心，含有白色液体，在花朵上结束。

有何特殊之处?

- 可以食用，微苦。
- 种子靠风传播。
- 不同的外形。

何时可以找到?

- 四月中旬开花。
- 五月初出现蒲公英。

何处可以找到?

草坪、草地、牧场、路边、花园。

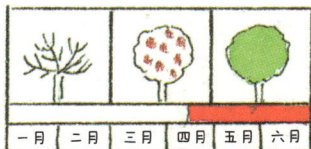

根部：直根，可以抵达地下 2 米以内的区域。

一月	二月	三月	四月	五月	六月

蒲公英童话

爱娃玛丽·塔费尔纳

从前有一位富商和他三个女儿生活在一起。他们居住在绿色草地间的一幢漂亮房子内,三个女儿是富商的全部快乐。只要时间允许,他就把精力放在孩子们身上,她们也非常感谢父亲。

有一天,商人要出远门,他问女儿们:"我的非洲之行可以给你们带些礼物回来,你们想要什么?"

大女儿考虑了一会儿说道:"爸爸,我想要一条漂亮的裙子,就像沙巴女王拜访萨洛摩国王穿的那条。"

父亲微笑了一下,点点头。

二女儿表达了她的愿望:"我需要一支笛子,吹着它我可以和所有的鸟儿玩耍,而且鸟儿识别不出有一个人与它们一道鸣唱。"

父亲非常喜欢这个,而后又问道:"现在,我的小女儿,你的愿望呢?"

"我的期望是什么呢,只要你和我们在一起,我什么都拥有了。"这个回答令父亲非常感动,但是他不得不拒绝她这项请求。

小女儿嚷起来:"那么带回几颗狮子牙吧!也许你可以在草原上找到几颗!"

商人在遥远的国度还没有做完生意就开始寻找神奇的笛子和女王的裙子。他成功地找到了这两件物品。最后,只剩下狮子牙没人能帮他买到。他拿上象牙或者犀牛角又派不了什么用场。

他就那么闷闷不乐地坐上骆驼前往布满岩石的沙漠之中,希望也许能够撞见一头狮子。但是他最终无功而返!

在归途,他远远地看见有个人影,像一捆东西躺在路边,是一位长着灰白胡子的老者,口渴异常,躺在荆棘丛间。商人拿水壶里的水让他恢复体力。老者喝好之后,结结巴巴地说道:"我是隐士,生活在山洞里,把我的知识用在了沙漠植物的治愈上。我准备好了草药和浸膏,要在下一座城市出售。回家途中,我在昏暗之中摔了一跤,受伤倒地,在此之前没有人在路上出现。"

商人心地非常善良,他把这位隐士抬到他的牲口上,护送他。

应老者的请求,商人在老者那儿待了几天,直到在药膏和仙丹的帮助下老者的伤口痊愈。他向老者讲起了他的女儿们及她们的愿望,这位老者说道:"你有几位聪明的女儿。但是最小的女儿期待之物最为珍贵——这就是时间,你与她们共度的时间。为了感谢你的救命之恩,我送你一小袋狮子牙带给她,磨成粉末会赋

予她巨大的力量。"

商人万分感谢，开心地离开了老者。

当父亲返回家时，秋天已经降临了。

他最小的女儿第一个欢呼地跑向他。她拥抱、亲吻父亲，在他周围蹦来蹦去。这时装着老者珍贵礼物的口袋以一个巨大的抛物线飞向了草地，从山丘上滚落下去，所有的牙齿都洒落下来。她到处寻找，但是再也找不到了。

父亲感到一阵悲伤，但是小女儿却笑了："我有自己的牙齿，我需要狮子牙又有何用呢？"

后来春天降临，在平时单调的绿色草地上黄星星一闪一闪，带着锯齿形的叶子从泥土里探出脑袋。

"来呀，爸爸！"小女儿喊道，"这是你带回来的礼物！你看见我们草地上的蒲公英开花了吗？"

这种隐藏着狮子般力量的植物，一年年繁殖，在快乐的姑娘们脚下形成了黄色的地毯。

为什么叫狮子牙

狮黄色的花朵、叶片的尖牙也许是其取名"狮子牙"的原因。但是它还有无数其他的名字：吹送之花和灯笼——因为它的白色绒毛状的球体；金钱花或者项链草药——是用蒲公英制作的物品；动物喜欢吃的驴蹄草和猪草……

说一说 & 玩游戏

名字发现

年龄： 5 岁以上

设想一个蒲公英的名字，应尽量关联它的特征与特性。合成的主要词汇要特别适合这些蒲公英。

安娜与蒲公英（赫塔·维勒）

"为什么大伙儿管你叫蒲公英呢？"小安娜看着手中的花朵说道。

我永远不会叫你牙齿。我觉得牙齿特别没意义。首先你没有牙齿，然后你长出牙齿，感觉疼痛，妈妈说过。当你再次掉牙，直到新的再长出来，需要很久时间。牙齿每天都要清理——不然它们会烂掉。

这么糟糕的名字——狮子牙——你看上去是另外的样子。我要在春天给你取一个名字——齿形叶，在夏天叫太阳轮，然后是绒毛，最后是秃头。

或者你喜欢别的名字？

下面这个名字怎么样呢？

锯齿—太阳轮—绒毛—秃头？

黄色针插

闪亮的黄色蒲公英花朵实际上由一个花朵底部的许多小花朵组成，如同大头针插在一个针插上。每个单独的花朵只拥有唯一一片叶子，外形如黄色的长舌状。每个花朵里都含甜汁、花蜜，吸引蜜蜂。此外这种花朵可以食用，比较可口，让人啧啧称奇。

尝一尝

甜蜜的花朵

用花朵制成味道醇厚的蜂蜜或者果酱。

提示： 蒲公英花朵在收集之后要马上处理加工。

花蕾蔬菜

配料: 200 克蒲公英花蕾、1 汤匙黄油、盐、胡椒。

收集浅绿色、牢牢闭合的蒲公英花蕾。

洗干净花蕾,用黄油在平底锅里焖十分钟,直到它们变软。配上胡椒、盐等佐料。

蒲公英蜂蜜

蒲公英蜂蜜口感与真正的蜂蜜几乎相同。

配料: 100 克蒲公英花朵、无荚壳叶、1/2 升水、500 克糖、2 只柠檬的果汁。

分开花筐,捋出花朵(外荚壳叶味苦)在水中煮 6 分钟,滤干净,榨干。

获取的汤汁,花 25 分钟与糖打旋做成厚糖浆,煮热并趁热倒入杯中。

蒲公英果酱

配料: 300 克蒲公英花朵、无荚壳叶、1/2 升水、125 克果胶糖、1 只柠檬的果汁。

分开花筐,捋出花朵,倒入 1/2 升冷水,煮 6 分钟,滤干净,榨干。

冷却的汤汁与果胶糖和柠檬汁共煮。4 分钟打旋煮热。果酱趁热倒入杯中。

太阳镜

动动手

太阳镜与香粉刷

年龄: 4 岁以上

太阳镜

材料: 2 条与花朵相连的长蒲公英茎、1 条无花朵茎。

在无花朵茎上用拇指指甲刻出两个槽,另外两枝茎分别从两个槽穿过至花头下方。

戴上这副太阳镜——虽然戴上后看不到什么,但无论如何具有防晒作用,看上去非常酷。

香粉刷

材料: 带茎的蒲公英花朵。

把花篮用作香粉刷,可以扑上黄粉!

提示: 不适合蒲公英过敏的小朋友!

奶汁吸管

蒲公英茎秆如同吸管，里面是空心的。折断茎秆流出黏稠的白色液体，外观如同牛奶。它非常苦，有一点毒性，在皮肤和衣服上会留下棕色的斑点（但是可以再次洗掉）。由于这种奶白状液体有轻微的毒性，不可以将茎秆当作吸管。

试一试 & 动动手

蒲公英茎的实验

年龄： 4岁以上（在成人的帮助下）

神奇胶水

蒲公英的汁液可以作为胶水的替代品。轻轻的小花朵（例如雏菊、小米草、草地碎米荠）可以用这种方式当作耳饰固定在耳垂上。

茎制作的项链

项链

材料： 蒲公英茎。

茎较细的一头插入较粗的一头，形成一个环。下一个环穿过第一个环，用同样的方式连接。这样可以做成没有尽头的长项链。

小笛子

摘取一条 4~5 厘米长的蒲公英茎，在尾部压平。压平的部分塞入嘴巴，用力往里面吹。按照吹奏的强弱和茎的粗细可以形成完全不同的音调。较粗的茎可以发出低沉的声音，较细的茎可以发出较尖锐的声音。

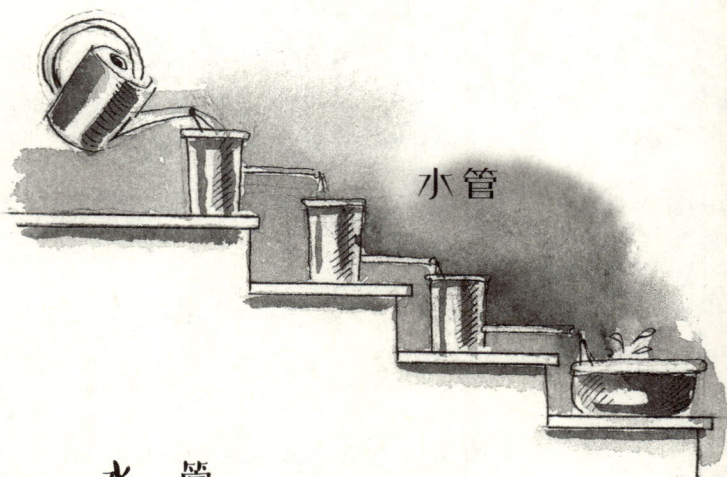

水管

水 管

材料： 蒲公英茎、酸奶杯、粗钉子、蜡烛、火柴。

蒲公英茎如同水管那样互相推入，细的一端塞入粗的一端。

每次在杯子壁高于地面处用粗钉子凿一个孔（茎直径大小），连接水管（如图所示）。

水 怪

刻槽的蒲公英茎在水中卷起来，因为内侧比外侧吸收了更多的水，由此会更强烈地膨胀。

材料： 蒲公英茎、盛水的盆子。

茎全部或者只在末端刻槽，形成薄薄的条状或者一束。放入水中观察，茎变形，形成各种各样的有趣形状：眼镜、卷发、小圆圈、小人、蜗牛、骨头、毛线团。

可口的锯齿形叶

蒲公英叶有漂亮的锯齿边，从来不长在茎上。它们长在根部，在地面上形成一个圆，像一种圆花饰。只要叶子足够嫩，就可以食用。旧叶味道苦，且有韧性。最好不要采集旧叶。

如果把这些叶子放在冷水中浸泡 2 小时，苦味就会消失。蒲公英叶非常健康。它拥有球形生菜三倍之多的维生素 C，此外还有维生素 A，可驱除春困，具有强力的效果。

尝一尝

狮子力量沙拉

配料： 嫩蒲公英叶、绿色沙拉、1 只苹果、核桃、醋、食用油、盐。

采摘嫩蒲公英叶，洗净，拌和绿色沙拉叶。苹果切细，敲碎核桃，两者放入沙拉。用盐、醋和食用油拌和。

画一画

叶子绘画

蒲公英叶拓印

年龄： 3 岁以上

材料： 蒲公英叶、纸张、彩笔或者绘图蜡笔。

把一张纸放在蒲公英叶上，用软彩笔或者绘图蜡笔在纸上描摹——形成一幅漂亮的拓印。

用蒲公英叶染色

年龄： 6 岁以上

材料： 2 捧蒲公英叶、煮锅、筛子、纸张、刷子。

把蒲公英叶切碎，添加 1/2 杯水，放入锅中煮半个小时，接着滤干。起初颜色是浅黄色的，次日变成绿色。

现在画上第一幅蒲公英艺术品！

唱一唱

瞧那儿，蒲公英

词：爱娃玛丽·塔费尔纳
曲：尤尔根·盖塞尔布莱希特

1. 春天里，灌木丛，
   小兔子，藏其中；
   让它们，吃得饱，
   嫩绿叶，喜爱嚼。

2. 人不想，失去它。
   它拥有，旧知识：
   蒲公英，是基础，
   动物与人，都健康。

3. 即使自己已经消亡，
   它们外形仍然有样；
   向我们展示圆球状，
   小伞种子飘然而上。

副歌：
你看见那儿的蒲公英吗？
嗨，不是所有都可以！
它照亮绿色多漂亮，
透过小脑袋，显出金黄。

蒲公英根部

蒲公英根部像狮子般强壮。它可以挤入最密的裂缝，抵达地底下 2 米深处。这也是为什么除草剂对蒲公英没有作用的原因：在其他杂草可怜地倒毙的同时，它可以从下面再度生机勃勃地发芽。

根部可生产精细的草药咖啡。这种咖啡替代品在第二次世界大战之后成了专门饮用品。

摸一摸 & 做游戏

根部纪录

用皮肤感觉其狮子般的强大！

年龄： 5 岁以上

材料： 铲子。

挖出蒲公英的根部意味着大量的工作。但是它非常容易扯出来。谁能在 20 分钟内挖出最长的根部呢？

尝一尝

蒲公英咖啡

蒲公英咖啡和强力饼干作下午点心。

配料： 蒲公英根部（切成丁，晾干）、牛奶、桂皮、蜂蜜。

秋天挖出蒲公英根部（因为有点苦），清除尘垢，切成小丁，晾干。

晾干的块状丁在一个平底锅或者烤盘上小心地搅拌，烘烤，接着在咖啡机里磨碎。

一杯水放一汤匙粉末，稍微煮煮，一会儿就泡开了。

咖啡添加牛奶、桂皮和蜂蜜口感更佳。

由花朵变成蒲公英

淡黄色花朵只持续几天。然后花筐闭合，黄色的小花朵干燥。小种子在其中长出来。每粒种子都拥有一个细细绒毛组成的降落伞。之前软的绿色种子随着时间的推移变成棕色，而后成熟。然后花篮打开，形成一个非常美丽的、毛茸茸的、含有无数种子的大球体——蒲公英！

画一画

蒲公英刮画

年龄：5 岁以上

材料：纸张、刷子、白色水溶性绘图蜡笔、黑色绘图蜡笔、尖头物体（例如钉子或者大头针）。

用白色水溶性绘图蜡笔在一张白纸上厚厚涂抹。用毛笔刷上颜料，晾干。

用黑色绘图蜡笔画在上面，直到整张纸变黑。

用尖头物体把黑色层刮掉，描绘出一个漂亮的蒲公英。

从蒲公英到秃头

在茎上端，外观如同针插，许多微小种子分布在小孔上。如果种子成熟，可以轻松地被拔掉、吹跑。种子可以通过它们的降落伞被风吹得很远，留下空空的花朵底部，就是"秃头"。

此外在种子旁有许多小钩，容易附着在人和动物身上，由此更易传播。

吹气游戏

吹气游戏在野外最为有趣。

年龄： 3 岁以上

吹送游戏 1：

小心地采摘一束蒲公英，紧贴在嘴边，念出以下诗歌：

鲍乐，鲍乐，噗，噗！
给我煮一碗糖浆！
不要太浓厚！
我不想噎死！

必须非常强硬地发出"噗"声，让种子真正被吹走。
谁能够把花朵完全吹光？

吹送游戏 2：

材料： 纸、胶水或者糨糊、胶带。

将纸在一面墙上固定，涂上胶水和糨糊。把蒲公英对准黏结墙，吹送——形成有趣的种子图案！

占卜

预测明天或者多年之后发生的事情，让小朋友们感到快乐。

1. 想出一个亲密的愿望，尽可能一下子把蒲公英上的所有种子吹掉。
愿望的实现要持续许多天，种子如何保留在平板上？
2. 谁一口气吹干净蒲公英，就可任意获得一个愿望。
3. 吹送后剩下多少飞行的果实，就会让多少孩子拥有许愿机会。
4. 吹走种子。如果剩下球形，小脑袋干干净净，就会有好运。但是如果有黑色的斑点，噢，那就会有坏事要发生！

降落伞

孩子们用一项自制的降落伞跟踪飞行能力。

年龄： 3 岁以上

材料： 方帕（或方形纸巾）、细绳、小重物（钉子、小玩偶等类似东西）。

在方帕的四个角，用同样长的细绳子固定，在下方打结。在这个位置固定小的物件（钉子、小玩偶等类似东西）。

让它向高处飞。

提示： 方帕与物件的比重必须协调一致。

杂草

哪有什么杂草！每种植物都有其用途，只是这些用途在有些植物身上并未发现。蒲公英不算什么杂草，因为它有多种用途。蒲公英还是奶牛、猪、兔子、豚鼠、乌龟的饲料。

如果是在蒲公英喜欢的地方，它不会马上消失。即使很小的根部，埋入土中，也可以形成新的蒲公英植物。

蒲公英试验

年龄： 5 岁以上

材料： 刚刚挖出的蒲公英根部、刀、带泥土的花盆。

蒲公英根部切成小块，放入花盆，用土壤遮盖。土壤保持湿润。

一到两周之后形成鲜嫩的新蒲公英。

细绳

方帕

重物

花园种植小贴士

- 一块蒲公英草地相当容易获得：在草地上吹散搜集来的种子。如果是蒲公英喜欢的地方，它们很快就会迅速繁殖，黄色之海也挡不住去路！同样的方法在铺设了砾石、带裂缝的道路上也有效——只要降落伞找到了空余位置。

- 蒲公英喜欢施肥的草地。在施肥的草地上除了绿草之外，只生长蒲公英，因为它是一种强势的花。其他的草地花，比如鼠尾草、反铃草或者剪秋罗在这些草地上是找不到的。它们在竞争上处于弱势。

- 割草机对蒲公英没有任何影响。叶子通过其花饰外形平整地贴在地面上，割草机最多只是把叶子尖割掉，叶子能照样生长。

- 蒲公英是"甲虫收集者"：在花朵上常常可以观察到无数的黑色小甲虫、花朵甲虫。

种一种

"不可能的"蒲公英播种

没有什么可以难倒蒲公英！
年龄： 4 岁以上
材料： 蒲公英种子（蒲公英）。

为发芽的蒲公英种子寻找"不可能的"地方，例如砾石缝、沥青槽、屋顶沟沿、石墙……

把这些种子吹到这些地方，观察降落伞黏附。

几周之后查看一下，一颗种子是否成功——肯定可以观察到一朵小小的浅绿色带锯齿叶子的花饰。

春天招募

　　最初春天使者们还低眉顺眼，但是随着温暖春日的增多，它们开始一点点抬起头，而后愈来愈多，直到一切都变得绚烂无比。

　　春天的使者有许多共同的特征：球茎状和块状的储藏室或者为了方便起见，它们仅仅暂时待在那儿。大伙肯定急匆匆地迎接光照。一旦树木长出叶子，草地变高了，就要说告别了。很快下一年春天的储藏品将被"吸收"进来，然后所有春天使者将消失在泥土里。

　　但是不久，花园里春天使者蜂拥而来，邀请大家共同享受、品尝、嗅闻、观看、谛听、制作、画画、猜谜、想象……

看一看

春天使者的日记

年龄： 7 岁以上
材料： 漂亮的笔记本（日记本）。

小朋友们开始写日记，记录何时何地自己第一次发现了春天的信息。

记录和画下自己的观察，粘贴重要的发现物、压制的植物、照片，制作自己的春天日历。

也许小朋友们可以整年都持续记日记——或者来年检查一下，春天及其使者是否以同样的方式展现！

动动手

活动花朵

雪花莲、藏红花和獐耳细辛可以做成移动花朵。

年龄： 5 岁以上
材料： 烤肉铁叉、彩色纸板、黑色粘笔、剪刀、胶水。

- 花朵根据其颜色按照两倍大小在纸板箱裁剪而成（见图）。
- 一把烤肉铁叉放入其中，互相粘紧。
- 脸部和带孔骑缝线（个别的花瓣），用黑色的粘笔画在上面。
- 地板（或者草丛、土地……）用相应的纸板剪出两倍大小（不同的对半），在最外侧边缘，将最下面的边缘粘在一起（见图）。

在下面中间有一处不要黏结，使得铁叉从上往下可以穿过。

- 为了让花朵塞进去时不被悬挂，最上面的边缘要往外翻一些。

制作方法适用于
- 雪花莲
  （白色的花朵，绿色的草丛）
- 藏红花
  （黄色的花朵，白色的雪地）
- 獐耳细辛
  （紫色的花朵，棕色的落叶地面）

花朵和叶子扩展两倍剪下，把烤肉铁叉粘在一起。

用春天使者的颜料画画

小朋友们使用天然颜料做试验，就会发现，可以让春天的多姿多彩永远保留在纸上。

年龄： 5 岁以上

材料： 春天使者、可以磨碎的石头或者研钵（臼）、纸张、刷子。

使用几个春天使者可以进行颜色试验，磨碎制作漂亮的天然色彩，画到纸上：

- 蒲公英的黄色
- 榕叶毛茛的绿色
- 紫罗兰的蓝色
- 不同土壤的棕色……

猜出春天的香气

年龄： 5 岁以上

材料： 旧胶卷罐、香气四溢的春天使者。

旧胶卷罐填满香气四溢的春天使者。有些使者要通过摩擦才能生效。胶卷罐底部写上正确的植物名称。

允许用鼻子贴近冒着香味的小盒子（不能观看），猜猜看，冒出了哪些味道？

你能成功地识别各种味道吗？

可以使用的春天香味

芳香	羊角芹、野芝麻、荨麻、接骨木
葱香	熊葱、药用蒜芥
紫罗兰香	好闻的紫罗兰
蜂蜜香	雪花莲、樱草
苦杏香	稠李
胡椒香	细辛
玉米须香	繁缕
糖荚豌豆香	牛蒡、猪殃殃
松脂香	白杨树芽

花朵卡片

年龄： 6岁以上
材料： 春天的花朵、花朵压制机或者一摞书、吸墨水纸、空白的卡片或者空白信纸。

采摘春天花朵，细心地放在吸墨水纸之间（必须保持坚硬与干燥），用一摞厚书重压在上面（或者放入一个花朵压制机中）。

完成压制的植物（必须保持坚硬与干燥）可用作复活节和生日贺卡或者信纸的装饰。

变化方案

由此可以保留春天花朵的记忆：每次两种同样种类的植物放在正方形植物卡片上，用自粘的透明薄膜包裹。

春天的使者

年龄： 6岁以上
材料： 彩纸、剪刀、画笔。

用彩纸剪出同样大小的卡片，每次把尽可能大的春天使者画在上面。

完成的卡片横剪成两个（或者三个）同样大小的部分。

游戏玩法

• 洗牌，植物的上半部分与下半部分任意组合。猜出植物的名称，再组合成想象的植物，给它们取相应的想象名称：例如这是樱草上半部分，这是雪花莲下半部分，由此得出了报春莲。

• 洗牌，尽可能正确地拼出植物……

• 把牌遮住放在桌上，类似的记忆游戏是把两张牌遮住。谁掀开两张相配牌，则允许保留它们……

春天的巨型曼陀罗

年龄：4 岁以上

用在春天大自然里发现的物品做成大曼陀罗。

这些物品可以是春天使者、石头、苔藓、松软植物、花蕾或者枝杈。

花童

年龄：4 岁以上
材料：证件照片、不同颜色的纸、彩笔、剪刀、胶水。

用纸剪出花瓣，贴在照片周围，用彩笔画出茎和叶子。

一群小朋友可以组成一块满是紫罗兰、樱草、獐耳细辛或者雏菊的春天的草地。

可口的春天使者凉拌食品

年龄：3 岁以上

花朵黄油面包

这些花朵（要洗干净）放在黄油上味道都不错：

- 熊葱花朵和葱叶
- 雏菊花朵
- 紫罗兰花朵
- 蒲公英花朵和叶子
- 樱草花朵

春天沙拉

这些都可以当春天沙拉的配料：

- 蒲公英叶子
- 雏菊花朵
- 榕叶毛茛草药（只能是开花前的！）
- 樱草
- 熊葱

证件照

用纸剪出
的花瓣

彩笔画的
茎和叶子

用绿色沙拉叶或者油性的土豆、醋、食用油和盐（按照口味）凉拌成色彩艳丽、美味可口的春天沙拉。

美丽的冰块

在冰块盒的每个小格子里，放置一个春天花朵（例如雏菊、紫罗兰、樱草），浇上水，冻成冰块。

这样就可把春天封存到夏天。

动动手

春天的西洋镜

年龄：5岁以上
材料：鞋盒，白色、浅绿色、浅蓝色的绸纸，插入式海绵，春天从大自然发现的物品，胶水，剪刀，自动变硬的黏土。

在鞋盒盖子上割一个大窗户，用白色绸纸粘住。

鞋盒子用浅绿色的绸纸粘盖，在纵侧面剪出一个小窗户。

盒子里面布置春天般的微缩风景。

合适的有新鲜的苔藓垫装植物、地衣、闪

光的石头或者铺在底部的沙砾，粘在一起。也可以用浅蓝色的绸纸做成小溪或者池塘放在中间。开花的枝条放在插入式海绵中，形成花束。

最后用陶土做成小人，晾干，画上颜色，放在风景之中。

盖上盒盖，通过窗户从非常小的视角观察风景，可以产生神秘和激动人心的效果。

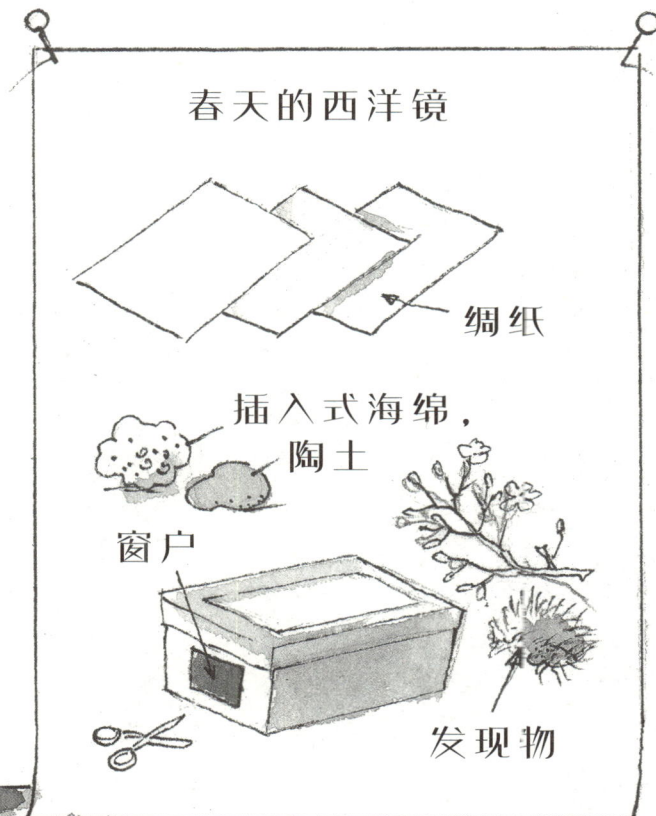

春天的西洋镜

绸纸

插入式海绵，陶土

窗户

发现物

附　录
索　引

引用和延伸文献

Verwendete und weiterführende Literatur

Wolfgang Adler/Karl Oswald/Raimund Fischer: Exkursionsflora von Österreich, Ulmer 1994

Marga Arndt: Die Natur erlebt und beobachtet mit Vorschulkindern, Luchterhand 1991.

Heide Bergmann/Ursel Bühring/Andrea Groß: „Kleine grüne Wunder. Mit Kindern die Natur entdecken." Verlag Herder, Freiburg im Breisgau 1996.

Andrea Frommherz/Edith Günter-Biedermann: Kinderwerkstatt Zauberkräuter, AT Verlag 1997.

Hansjörg Küster: „Wo der Pfeffer wächst" Ein Lexikon zur Kulturgeschichte der Gewürze, Verlag C.H. Beck 1987.

Antje Neumann/Burkhard Neumann: Waldfühlungen, Ökotopia Verlag 2000

Hans Jürgen Press: „ Der Natur auf der Spur", Ravensburger Buchverlag 1996.

Gisela Preuschoff: „Mit Kindern achtsam durch das Jahr". Verlag Herder, Freiburg im Breigau 1998.

Andrea Schwarz: „Ich mag Gänseblümchen. Unaufdringliche Gedanken." Verlag Herder, Freiburg im Breisgau 1985.

Susanne Stöcklin-Meier: „Naturspielzeug", Ravensburger Buchverlag 1997

Johannes Wessel/Harald Gesing: Spie end die Umwelt entdecken, Handbuch Umwelt-Bildung, Luchterhand 1995.

Reinhard Witt: Mit Kindern in der Natur, Herder 2003

（以上是原版参考文献资料）